Birgit Müller

Mythos Lebenserwartung

Dieses Buch ist uns allen gewidmet.
Ihnen.
Aber vor allem unseren Kindern und Kindeskindern.

Birgit Müller

Mythos Lebenserwartung

Warum das für die Zukunft erwartete Methusalem-Szenario

eine Illusion ist

Einige Argumente gegen steigende Lebenserwartung

Der Klassiker über Lebenserwartung!!

1. Auflage im Oktober 2005

als Taschenbuch unter dem Titel **‚Mythos Lebenserwartung'**

ISBN Nr. 3-8334-3901-7

Herstellung und Verlag: Books on Demand GmbH, Norderstedt

2. Auflage 2011, **Ebook**

Originalausgabe, ohne Abbildungen, nur mit neuem Vorwort, Kindle Ebook, unter dem Titel ‚**Crash der Lebenserwartung**!?'

3. Auflage als **Hardcover** 2018,

Originaler Text, mit neuem Vorwort mit dem neuen Titel **‚CRASH der Lebenserwartung'**, Verlag und Herstellung BoD, Norderstedt,

ISBN 9783752816990

4. Auflage, Taschenbuch 2018,

Originaler Text wie in 1. Auflage, UNVERÄNDERT im Text, nur das Vorwort ist neu, **Taschenbuch**, mit dem alten Titel **‚Mythos Lebenserwartung'**, Verlag und Herstellung BoD, Books on Demand, Norderstedt vom Leser davon Rückschlüsse über seinen eigenen Zustand oder mögliche Therapien gezogen werden, unterliegen diese seiner eigenen Verantwortung, eigenen Recherchen und eventueller Rücksprachen mit Heilpraktikern oder Ärzten seines Vertrauens.

Bibliographische Information der Deutschen Bibliothek: Die Deutsche Bibliothek verzeichnet diese Publikation in der Deutschen Nationalbibliographie. Detaillierte bibliographische Daten sind im Internet über http://dnb.ddb.de abrufbar.

Dieses Buch ist bis auf das neue Vorwort identisch mit dem Hardcover-Buch mit dem neuen Titel:

„Crash der Lebenserwartung"

Die Autorin:

Birgit Müller arbeitet seit über 25 Jahren als Beraterin. Sie berät unter der Firma *topsano* viele Unternehmen bei der Durchführung von Veränderungsprozessen und bei der Gestaltung der Betrieblichen Gesundheitsförderung. Sie hat diverse, auch universitäre Abschlüsse. Außerdem ist sie Gesundheitspraktikerin. Kontakt für Buchungen über b.mueller @ topsano.de

Inhalt

Vorwort

Hier vorliegend habe ich genau das Buch, das bereits 2005 herauskam, nochmals herausgebracht. Vielleicht bekommt es nun endlich die Beachtung, die es verdient. Das wünsche ich nicht einmal mir selbst als Autorin - obwohl ich enorm viel Zeit und Geld in dieses Buch investierte - sondern unserer Gesellschaft und Politik. Als ich das Buch damals an ‚einschlägige' Experten schickte, bekam ich nur despektierliche Aussagen und wurde belächelt. Meine Thesen wurden als verrückt abgetan. Auch Journalisten, die großen Zeitungen und Magazine hatten es nicht für nötig empfunden, zu reagieren. Wozu auch.

Doch nun, 2018, sieht das etwas anders aus. Das, was damals keiner für denkbar hielt und mich zur Verrückten abstempelte, drängt heute in unsere Realität: Die Lebenserwartung wird sinken. Ende 2011 ergab eine Anfrage der Linken an die Bundesregierung, dass die Lebenserwartung bestimmter Bevölkerungsgruppen erheblich gesunken ist. Und vor ein paar Tagen (im Juni 2012) kam eine interessante Nachricht auf N24: Die heutigen Kinder werden vor ihren Eltern sterben, fettleibig, bewegungsarm, ungesund ernährt und so weiter. Und immer neue Schreckensbotschaften drängen in die Medien in Bezug auf unser Thema Lebenserwartung

Es zeigt sich also langsam: Die Spinner sind die, die meine Thesen als absurd abtaten. Es wird Zeit, die Realität zu sehen und anders zu bewerten als bisher. Ich kann es mir nicht verkneifen zu sagen, dass ich das schon vor 20 Jahren getan habe und erstmals in meinem Buch ‚Vitalität fürs Unternehmen' (2003, Gabler) beschrieben habe. Der Fahrplan entspricht genau meinen Voraussagen und meine These 1, es gibt vier davon, beweist sich selbst, jetzt in unserer heutigen Zeit. Hätte man damals schon angefangen, den schlechten Strömungen die in meinem Buch schon damals beschrieben wurden, entgegenzuwirken, dann wären wir heute erheblich weiter. Wertvolle Zeit wurde verschenkt, weil sich ein paar ‚Experten', auf die auch die Regierung hört, offenbar nicht einmal die Zeit genommen hatten, meine Thesen ernsthaft in Betracht zu ziehen, zu prüfen und zu bewerten. Ausbaden muss es die Bevölkerung. Ausbaden müssen es Sie, Ihre Kinder und Enkel. Lesen Sie im Folgenden genau das Buch (als Ebook jedoch ohne Abbildungen), das damals schon alles voraus gesagt hatte.

Sie halten hier meines Wissens das einzige Buch weltweit in den Händen, das die Theorie der steigenden Lebenserwartung der Theorie der sinkenden überhaupt gegenüberstellt und beide ernsthaft und gleichberechtigt diskutiert. Und lesen sie auch, dass es mit den vorne beschriebenen, neuen Erkenntnissen des letzten Halbjahres auch nicht getan sein wird. Sehr wahrscheinlich werden sich die Tendenzen noch weiter und sehr erheblich zu unserem Nachteil verstärken. Ich hoffe, dass das Buch Ihnen dabei hilft, gegenzusteuern, und es Ihnen damit ermöglicht, sich dem allgemeinen Trend nach unten zu entziehen, denn…

Es wird keine weiteren Altersrekorde geben – Einleitung

Von der Wiege bis zur Bahre über hundert Jahre - das ist die Botschaft, die fast alle Experten uns heute entgegen rufen. Welch eine schöne neue Welt, in der wir leben! Man sagt uns, sogar 150 Jahre alt zu werden, sei bald keine Utopie mehr! Die Wissenschaft scheint auf dem unaufhaltsamen Vormarsch gegen den Tod zu sein und soll uns dank Stammzellenforschung, Transplantationen und bio-nano-technologisch hergestellter Medikamente Lebensspannen bescheren, die langsam an die der biblischen Ahnherren aus dem Buche Genesis heranreichen. Was bei einzelnen Zellarten, wie zum Beispiel Hühnerzellen, bereits gelang, soll bald auch in das menschliche Leben transferiert werden: Alt werden können wie Methusalem! Und dieser Uralte brachte es immerhin auf sage und schreibe 969 Jahre.

Doch wird es wirklich so kommen? Stehen wirklich sozusagen alle Lebenserwartungsampeln auf Grün? Können wir in der Tat so vertrauensvoll den Propheten dieser schönen neuen Welt glauben? Einer Welt, die natürlich nur auf den ersten Blick schön scheint, auf den zweiten Blick jedoch bereits aus heutiger Sicht kaum lösbare Probleme erkennen lässt, sollte es wirklich so kommen.

Die Lebenserwartungspropheten kommen dabei natürlich nicht aus dem halbseidenen esoterischen Lager. Es handelt sich um namhafte, ansonsten durchaus nüchterne Wissenschaftler aus der Demographie, der Medizin, der Biologie, der Biochemie und anderen damit befassten Disziplinen. Bei diesen Propheten handelt es sich also um Experten, deren Titel allein jedem normalen Menschen, der etwas von wissenschaftlich begründeten Prognosen hält, sofort Vertrauen abringen und implizieren, dass diese Personen es wissen *müssen.*

Doch ich möchte obige Frage ernsthaft – und vielleicht erstmals - in den Raum der Diskussion stellen: Wird es wirklich so kommen, dass wir immer älter werden? Zum einen möchte ich aus rein wissenschaftlichem Interesse einmal das gegenteilige Szenario diskutieren und belegen, dass man eine sinkende Lebenserwartung durchaus argumentieren *kann,* ohne als weltfremd oder gar unwissenschaftlich gelten zu müssen. Zum anderen glaube ich persönlich nicht, dass wir neue Altersrekorde aufstellen werden. Meiner Meinung und meinem Wissens nach gibt es Lebenserwartungsampeln, die nicht auf Grün stehen. Einige stehen bereits auf Gelb. Und manche zeigen uns bereits heute ein grelles Signal-Rot!

Ich habe Ihre persönlichen Zweifel fast im Ohr, es ist mir als säßen Sie mir gegenüber und sagten zu mir: „Aber das kann doch nicht sein! Wenn ich in meine Familie schaue, meine Oma ist doch 92 Jahre geworden! Und meine Eltern sind doch auch jetzt schon über 70! Wir *werden* doch älter!“ Ja, Sie haben an diesen Mythos Lebenserwartung bisher geglaubt. Und Sie sind nicht allein.

Aber meine Kenntnisse zwingen mich zu der Behauptung, dass wir in unserer Zeit den Zenit der durchschnittlichen Lebenserwartung erleben. Es wird zu keinen nennenswerten neuen Altersrekorden mehr kommen. Natürlich wird es immer einzelne Menschen geben, die weitaus älter werden als der Rest der Menschheit. Aber die durchschnittliche Lebenserwartung wird meiner Meinung nach nicht weiter steigen. Ich bin sogar vom Gegenteil überzeugt: Unsere Lebenserwartung wird in den nächsten 50 Jahren erheblich fallen.

Es ist nicht meine grundlegende Absicht zu schockieren; aber ich bin mir dessen bewusst, dass manche der folgenden

Gedanken, Daten und Fakten schockieren *werden.* Es geht mir vielmehr um einen ernsten Appell, die drohende Gefahr der sinkenden Lebenserwartung zur Kenntnis zu nehmen. Daher ist das vorliegende Buch nur eine Einladung an Sie: Ich möchte Sie einladen, mit mir zusammen neu zu denken, die Grundlagen zu hinterfragen, Fakten zu überprüfen und eventuell anders als üblich zu interpretieren. Des Weiteren werden wir versuchen, Fehler in den aktuellen Argumentationen aufzudecken und neue Tatsachen mit einzubeziehen, die bisher kaum jemand bei diesem Thema berücksichtigt hat. Wir werden erkennen, dass wir uns gesellschaftlich in einer Abwärtsspirale befinden, die kaum noch aufzuhalten ist. Trotzdem kann unsere Chance auf eine individuell hohe Lebenserwartung paradoxerweise nur steigen, wenn wir die Aussagen in diesem Buch, diese neuen bzw. neu kombinierten Gedanken und Tatbestände kennen und in unsere persönliche Lebensplanung proaktiv aufnehmen. So können wir vielleicht wenigstens unserer eigenen, individuellen Abwärtsspirale entkommen. Lassen wir uns also ein auf das Abenteuer Lebenserwartung.

Es gibt zahlreiche Anzeichen dafür, dass wir die Lebenserwartung, vor allem die steigende Lebenserwartung, mythologisiert haben. Dieser selbst geschaffene Mythos ist es nun gerade, der uns daran hindert, neu nachzudenken. Auch die Experten, die noch von einer steigenden Lebenserwartung ausgehen, möchte ich einladen, sich mit dieser neuen These auseinanderzusetzen, neue Daten zu erheben oder bestehende Daten nach anderen Parametern auszuwerten. Denn manche vorhandenen Einzeldaten, die neu kombiniert und ausgewertet die ungewohnte These der sinkenden Lebenserwartung erhärten würden, werden so gesehen nicht voll genutzt, weil man sich eine sinkende Lebenserwartung heutzutage nicht mehr vorstellen kann oder mag. Der Mythos Lebenserwartung resultiert nämlich gerade aus diesen diversen Fehlern, die bei der Bewertung aktueller Fakten und der Interpretation vergangener Ereignisse gemacht werden.

Auch alle Politiker, Wissenschaftler und Fachleute, die sich als Verantwortliche mit der Gestaltung unserer Sozialsysteme von Berufs wegen auseinandersetzen müssen, möchte ich einladen, die Konsequenzen meiner These für diese Systeme zu durchdenken oder zu rechnen. Wenn diese neue These sich als wahrscheinlich oder sogar als realistisch erweist, woran ich persönlich nicht zweifle, werden die volkswirtschaftlichen, ebenso wie die betriebswirtschaftlichen Folgen erschütternd sein.

Aussagen über Lebenserwartung gehen uns direkt an, das fühlen wir alle. Deswegen ist es ein unglaublich heikles Thema und meine These, die Lebenserwartung würde sinken, kann und darf uns daher eigentlich nicht sympathisch sein. Aber wir alle wissen auch, dass es ungesund ist, und im schlimmsten Falle sogar gefährlich sein kann, von falschen Voraussetzungen auszugehen, wie wundervoll diese auch sein können. Oder auf falschen Hoffnungen aufzubauen, wie paradiesisch sie uns auch erscheinen mögen.

Was würde es uns schon einbringen, wenn wir dieser Fata Morgana der hohen Lebenserwartung blind vertrauen, die am Horizont der Zukunft flimmert? Wenn wir freudig auf sie zugehen und schlussendlich bemerken, dass es sich um eine Sinnestäuschung handelte, die uns in eine völlig falsche Richtung geführt hat, dass wir unsere Kräfte für ein falsche und unrealistische Hoffnung verbraucht haben? Denn genau darum handelt es sich meiner Meinung nach: Die Glaube an eine steigenden Lebenserwartung ist eine solche Fata Morgana, die unsere Sinne verwirrt, sie ist die „Fata-Methusalem“.

Wir werden uns in diesem Buch gemeinsam anschauen, wie es zu diesen „Sinnestäuschungen“ kommen konnte und wie die

Entwicklung der Lebenserwartung vermutlich wirklich sein wird. Wir werden uns den Begründungen dafür stellen, warum diese sich in einem erheblichen Maße nach unten korrigieren wird. Natürlich ist es für uns Menschen weitaus angenehmer und positiver, an eine steigende Lebenserwartung glauben zu können. Jedoch sollten wir uns davor hüten, *‚positiv'* als *‚Gegenteil von realistisch'* zu definieren. Undifferenziert an das geschürte Dogma zu glauben, dass die Lebenserwartung in den Industrieländern und auch weltweit weiterhin steigen wird, ist naiv. Uns weiterhin einzureden, wir würden alle immer älter werden, gleicht einer Autosuggestion. Aber positive Autosuggestionen helfen uns bei diesem Thema nicht weiter.

In unserem Thema Lebenserwartung gibt es viele „Autosuggestionen“ das heißt, viele Daten und Fakten, die kaum Aussagekraft haben oder einseitig interpretiert werden. In der Summe führten sie zu dem meiner Ansicht nach falschen Dogma der steigenden Lebenserwartung. Befreien wir das Thema also von aller Schönfärberei. Wir schauen gemeinsam nach, was wirklich darunter liegt oder liegen könnte.

Wie und warum es zu diesen eklatanten Fehleinschätzungen gekommen ist, erläutere ich im Kapitel „Die grünen Argumente“. Es soll Ihnen ermöglichen, sich meine provozierende These plastisch vorzustellen. Denn die Fehler, die heute noch gar nicht gesehen oder erkannt werden, wurden schon vor etlichen Jahrzehnten zum ersten Mal gemacht und dann immer wiederholt, und zwar so lange, bis nicht nur die Experten, sondern auch die so genannten Laien an die steigende Lebenswartung glaubten. Die ersten Schritte zu einer Mythologisierung der Lebenserwartung waren damit schon unternommen. In diesem Kapitel werden wir uns auch mit der Erkenntnistheorie und mit dem Umgang mit wissenschaftlichen Thesen beschäftigen. Denn in diesem Buch werden wir zwei Thesen miteinander vergleichen. Am Ende wird sich jeder von uns wahrscheinlich entschieden haben, welche These wahrscheinlicher ist. Deswegen sollten wir die Regeln der „Thesen-Bewertung“ kennen.

Zweitens beschreibe ich gegen Ende des ersten Kapitels, von welcher Lebenserwartung Sie persönlich ausgehen können, wenn Sie älter als 30, 45 oder 60 Jahre alt sind. Ich werde Ihnen auch darstellen, dass unsere Kinder- und Enkelgenerationen kaum mehr eine Chance haben, so alt zu werden, wie unsere Generation. Und alle nachfolgenden Generationen werden noch weniger Lebenszeit zur Verfügung haben. Ich widerspreche damit dem dauernd als Schreckgespenst dargestellten „Methusalem-Szenario“ entschieden, ja ich bin sogar der genau gegenteiligen Auffassung.

Meiner These liegt drittens ein anderer als der gängige Gesundheitsbegriff zu Grunde. Dieser andere, ganzheitliche Gesundheitsbegriff zieht sich wie ein roter Faden durch das gesamte Buch und wird Ihnen überall begegnen. Vor allem aber erfahren Sie in Kapitel 2 und 3 darüber mehr.

Meine Kernthese ist, dass die Lebenserwartung *dramatisch* sinken wird. Sie wird nicht nur um ein paar Jährchen leicht absinken. Nein, wir sprechen hier von *Jahrzehnten*, die unserer Lebenserwartung fehlen werden. Und das nicht nur in weit entlegenen Regionen, nicht nur in Entwicklungsländern in Asien, Afrika oder Südamerika. Sondern hier in den reichen Industrieländern, hier bei uns in Deutschland, in unserem Bundesland, in unserer Stadt, in unserem Dorf, in unserer Familie… Das schockiert sicherlich, wenn man es zum ersten Mal hört. Genauso erging es mir vor vielen Jahren, als Fakten und Zahlen mich stutzig machten, Fragen sich aufdrängten und ich anfing nachzuforschen. Aus den Fragen wurden handfeste Zweifel.

Natürlich ist es, wie bereits gesagt, viel schöner, wenn wir glauben können, dass wir oder unsere Kinder und Enkel tralt werden können. Damit haben wir den Tod zwar nicht ganz `esiegt(aber fast* Die Wissenschaft sChlägt ihm ins Gesicht, treibt ihn zurück und verkleinert sein Terrain zunehmend - das ist unsere große Hoffnung! Gebade diere ideologisierte ‼ icht der Lebenserwartujg gilt es zu hinterfragen 5nd zu überprüfen.

Im Namen der Verständlichkeit werde ich zwei große Bezugsrahien in Form eiler Metapher bzw. eines Bildes aufbaue., die Ihnen iLmer wieder im Text begegnen werden. Der eine ist das bereits erwähnte Bild von der *Lebenserwartungs-Ampel.* Bei dieser besonderen Ampel leuchten alle Farben gleichzeitig, die einen stärker, die anderen schwächer. Ich werde die Argumente anhand der Ampelfarben darstellen, das wird Ihnen die Einordnung erleichtern. Meiner Ansicht nach gibt es nur unzureichende Grün-Argumente, schon mehr Gelb-Argumente und bereits eine Masse an grellen Rot-Argumenten.

Über die zweite Metapher lesen Sie im nächsten Kapitel. Sie handelt von einem legendären Schiff…

Ich bin überzeugt, dass die sinkende Lebenserwartung nicht nur für unsere Gesellschaft, sondern in erster Linie für jeden einzelnen, für Sie und für mich, ein grundsätzliches Problem darstellt. Jeder stirbt für sich allein – eine unentrinnbare Erfahrung des menschlichen Lebens. Mein Thema hat durchaus auch mit diesen philosophisch-existenziellen Fragestellungen zu tun, obwohl ich diese nur am Rande streifen werde. Kurz bevor ich diese Sätze schrieb, ist meine Großmutter mit fast 99 Jahren verstorben. Auch in diesem Alter tut es uns noch weh, wenn ein Mensch stirbt, der zur Familie gehört – obwohl schon seit einigen Jahren ihre Gesundheit immer mehr nachgelassen hatte und wir wussten, dass es nur eine Frage der Zeit war. Wie sehr wird es uns aber treffen, wenn unsere Verwandten und Freunde mit 50 oder 60 Jahren sterben – also in einem Alter, das wir mittlerweile als normal ansehen und das uns von Experten in naher Zukunft erst als Lebens*mitte* prophezeit wird?

Das Thema geht uns deswegen alle an. Ganz besonders geht es jedoch unsere Kinder und alle nachwachsenden Generationen an, denen wir einen intakten Kompass und eine einigermaßen richtige Landkarte für ihren unsicheren Weg in die Zukunft hinterlassen sollten. Mein Buch zeigt Ihnen vielleicht einen Teil jener unbekannten Karte für das Land der Zukunft, durch das wir selbst und unsere Kinder und Enkel gehen werden.

Birgit Müller, 2005

Dieses Buch widme ich meinem achtjährigen Sohn Benedikt...

Vorgeschichte:

Werden wir enden wie die Menschen auf der Titanic?

Lange habe ich nach einem einleuchtenden Vergleich gesucht, der bildlich darstellen kann, was die These $er sinkenden Lebenserwartung, die ich in diesem Buch vorbringe und begründe, für uns alle und für unsere Gesellschaft bedeutet. Ach habe für dieses neue Zukunfts-Szenario keinen besseren Bezugsrahmen gefunden, als das Titanic–Desaster, das die Welt am Anfang des 20. Jahrhunderts erschütterte. Obwohl es als Metapher schon für die unterschiedlichsten Tatbestände dienen musste und daher bereits etwas abgegriffen ist, möchte ich es noch einmal verwenden und es als Hinführung auf unser Thema benutzen. Die Geschichte der Titanic soll uns auf eine bildliche Weise darstellen, worum es beim Thema Lebenserwartung geht. Denn wir Menschen in den Industrieländern fühlen uns heute in der Tat so sicher, wie sich damals die Menschen fühlten, die sich auf die Jungfernfahrt des Ozeanriesen *Titanic* begaben. Dieses Superschiff wurde als größter Triumph der Technik gefeiert. Es wurde für unsinkbar gehalten. Denken wir uns also zirka hundert Jahre zurück und stellen wir uns vor…

Wir befinden uns in Southampton im Jahre 1912.

Es ist der 12. April 1912, ein von vielen Menschen herbei gesehnter Tag. Die Passagiere stehen am Ufer und schauen sie ehrfürchtig an. Ihr Herz schlägt höher vor lauter Vorfreude, als sie auf der Gangway vom Festland hinüber schreiten in das Paradies. Die Vorfreude, auf der Jungfernfahrt dieses

Traumschiffes über Den Atlantik dabei sEin zu dürden, raubt den Passagieren fast den Atem. Wochenlang hatte es in den Zeitungen und Magazinen nur dieses eine Thema gegeben. Journalisten versuchten, Bilder zu ergattern und Detailinformationen über alle möglichen Teile des Schiffes heraus zu finden. In den Cafés, bei Geschäftsessen, bei Kaffeekränzchen und Soiréen hatte die Gesellschaft von nichts anderem mehr gesprochen als von ihr. Noch bevor sie zum ersten Mal auslief, war die Titanic bereits ein Mythos.

An diesem 12. April gehen die Menschen nun also an Bord und befinden sich mit einem Mal auf dem faszinierendsten Objekt der damaligen Welt: der *Titanic*. Dem größten Schiff der Welt. Unsinkbar. Luxuriös. Gigantisch. Prestigebeladen. Eines der größten Triumphe menschlichen Schaffens und Bauens. Jeder von Rang und Namen hatte versucht, einen Platz zu ergattern. Die High Society der Welt, für ein paar Tage trifft sie sich nur hier. Jeder will später sagen können: „Ich war dabei!". Sie wollen schwelgen in unvorstellbarem Reichtum und Luxus, wollen trotzig im Riesentresor *Titanic* auf diesem unergründlichen und gefährlichen Meer schwimmen, das bereits tausende von kleineren Schiffen zerstört und abertausende von Seemännern und Passagieren das Leben gekostet hatte. Jeder, der damals auf der *Titanic* mitfährt, scheint durch sein bloßes Dabeisein das Meer herauszufordern, scheint ihm spöttisch in seine spiegelnden Wassermassen hineinzulachen und zu ihm zu sagen: „Schau her, du kannst uns nichts mehr anhaben! All deine Wellen, all deine Stürme, all deine Gefahren werden diesem Schiff nichts ausmachen können! Wir sind auf dem Titan! Wir sind unsinkbar! Schau uns an: Wir bezwingen dich!"

Und dann kommt alles ganz anders. Im Jahr 1998, in dem der Hollywood-Megaerfolg „*Titanic*" in die Kinos kommt, wissen wir längst, dass diese Reise zu einer der dramatischsten Katastrophen der Technik wurde. Der Hochmut der Menschen wurde damals entsetzlich bestraft. Das Meer schlug mit voller Wucht zurück und bewies damit aller Welt, wer der wirkliche Titan ist: die Natur.

Das Herz vieler Menschen hörte auf zu schlagen. Die Freude, dabei sein zu dürfen, wandelte sich in Sekunden zum Entsetzen darüber, dabei sein zu müssen. Innerhalb weniger Stunden wurde dieses Paradies zur unentrinnbaren Hölle. Wochenlang sollte es danach in den Zeitungen und Magazinen nur dieses eine Thema geben. Journalisten sollten versuchen, das Geschehen zu begreifen und herauszufinden, wer überlebt hatte. In den Cafés, bei Geschäftsessen, bei Kaffeekränzchen und Soireen sollte die Gesellschaft nun von nichts anderem mehr sprechen, als von dem Unfasslichen, von dem Unmöglichen, vom Untergang der *Titanic*. Alle, die etwas davon verstanden, hatten es doch gesagt: Sie war unsinkbar! Und doch sank sie. Und sie sank schnell, innerhalb von zwei Stunden. Unaufhaltsam. Fassungslos stand die Welt vor dieser Tragödie. Wie hatte das nur passieren können. Sie war doch unsinkbar!

Wir befinden uns in Deutschland am Anfang des 21. Jahrhunderts

Stellen wir uns einmal vor, alle Industrienationen, Deutschland natürlich eingeschlossen, wären ein riesiger Luxusliner, der im Nordmeer kreuzt und Titanic heißt. Sie und ich, wir alle sind die Pacsagiere. Noch sind wir glücklich, weil wir noch ahnungslos und vertrauen3selig sind. Denn wir wqrden in ein Land hifeingebo2en, dass zu den reichsten der Welt zähld, in ein Paradier - ein künstliches allerdings. Uns ist varm, wir haben Es bequem, müssen nicht hungern und frieren. Nichts kann uns zustoßen, glauben wir. Mehr noch, wir sind überzeugt, dass wir eegen `lles versichert sind. Es gibt keine Kra.kheit, gegen die es nicht irgendwann einen Impfstoff, ein Medikament oder eine

Therapie gibt, denken wir. In einigen Bereichen, wo das noch nicht existiert, steht die Wissenschaft, so sagt man uns, ganz gewiss vor dem Durchbruch. Denn Milliarden werden in die Erforschung von Krankheiten und Medikamenten investiert und, wir wissen, mit viel Geld ist nichts wirklich ein Problem. Jeder will mit auf unser Schlaraffenschiff. Jeder will dabei sein.

Denn wir sind unsinkbar: wir haben eine unglaublich hohe Lebenserwartung erklären uns alle, die es wissen müssen. Höher als jemals zuvor in der Menschheitsgeschichte, meinen wir. Wir überleben unsere Vorfahren um Längen und das mit weitaus mehr Besitztümern und Bequemlichkeiten im Leben, glauben wir. Unser Schiff wird gesteuert von den fähigsten Denkern und Wissen, die schon das Richtige entscheiden und für unsere Unsinkbarkeit sorgen werden, davon sind wir überzeugt. Und wenn unser eigenes Herz nicht mehr schlägt, dann nehmen wir einfach das von jemand anderem.

Nach dieser kurzen Schilderung des heutigen Status quo und unserer Überzeugungen projizieren wir uns jetzt einmal in die Zukunft, …

... in das Jahr 2050

Und dann kommt alles ganz anders. Heute, im Jahre 2050, wissen wir, dass die Menschen damals vor einer der größten schleichenden Katastrophen der Geschichte standen. Sie freuten sich damals, dass jedes Jahr die Lebenserwartung wieder um ein paar Monate stieg. Alle Experten prognostizierten, dass die Menschen immer älter werden würden, über Jahrzehnte hinweg. Sie waren sich nicht darüber im Klaren, dass die Lebenserwartung zwar noch in den darauf folgenden Jahren etwas ansteigen würde, aber dann zu sinken beginnen sollte. Sie sank zuerst langsam, dann schneller und schlussendlich brach sie völlig ein.

Heute, im Jahre 2050, haben wir eine durchschnittliche Lebenserwartung von 55 Jahren. Damit liegt sie um rund 30 Jahre niedriger, als die Lebenserwartung im Jahr 2010. Die meisten Menschen kommen bereits krank auf die Welt, leiden ihr Leben lang unter chronischen und schwerwiegenden Krankheiten wie Krebs, Herz- und Autoimmunkrankheiten und sterben sehr früh. Es gibt nur einige Wenige, die alt werden. Und es sieht so aus, als ob die Lebenserwartung im Jahr 2050 schon wieder um einige Monate sinken wird.

... Utopie?

Die Frage ist nun: *Könnte* es in knapp 50 Jahren wirklich so um die Lebenserwartung stehen? Gibt es Argumente und Tatsachen, die eine solche Zukunft ermöglichen? Müssten wir diese Frage, vielleicht am Ende dieses Buches, mit Ja beantworten, dann haben wir die Pflicht, in uns zu gehen. Dann heißt das, dass wir mit vielen Dingen, die wir heute bedenkenlos machen oder unterlassen, nicht mehr weiterhin leichtsinnig und undifferenziert umgehen können. Dann müssen bestimmte Weichen und Hebel definiert werden, um den Kurs, auf dem die Zukunft bereits jetzt ist, zu ändern und um die Eigendynamik der schädlichen Prozesse, die bereits heute massiv ablaufen, zu stoppen und ins Positive umzulenken. Deswegen sollten wir froh sein, denn …

... wir befinden uns noch in Deutschland am Anfang des 21. Jahrhunderts!

Zum Glück sind wir noch nicht im Jahre 2050 angekommen. Wir können unsere Planung noch ändern, wir können obiges Szenario noch verhindern. Aber nur dann, wenn uns klar wird, dass es wohl nicht die steigende Lebenserwartung sein wird, die auf uns wartet. Wir sollten bereit sein, dieses Szenario zu sehen. Wir sollten uns den Begründungen für diese These stellen.

Haben wir das getan, müssen wir abwägen und uns auf das Szenario vorbereiten, das logischer und risikoreicher ist. Das heißt, wir müssen bereit sein, unsere Handlungen in der Politik, in der Wirtschaft und nicht zuletzt auch in unserem eigenen Leben und Beruf zu ändern. Doch nun zuerst zu der These der sinkenden Lebenserwartung selbst, zu ihren Voraussetzungen und zu ihren Begründungen.

1. Die „grünen“ Argumente: Warum Experten uns ein langes Leben prognostizieren

Es ist richtig: Vieles von dem, was uns die Experten über unsere Lebenserwartung sagen, stimmt. Genau diese positiven Argumente, die uns heute auch zu einer euphorischen Meinung in Bezug auf unsere zukünftige Lebenserwartung verführen, werden wir uns im folgenden Kapitel erarbeiten. Und wir werden sehen: es sind Argumente aus der Vergangenheit. Das ist gleichzeitig auch das Problem. Schauen wir uns also diese positiven Argumente und Sachverhalte an – in meiner Terminologie sind das die so genannten „grünen Ampeln“.

Die aktuellen Prognosen der heutigen Experten

Werfen wir nun zuerst einen Blick auf die wichtigsten Institute und Experten, die uns in unserem Titanic-Unsinkbarkeitsglauben bestärken oder ihn sogar erst hervorrufen. Die folgenden Aussagen werden zum Teil stark mit Zahlen gespickt sein, denn das Thema Lebenserwartung ist ein Bereich, in dem sich viele Zahlen buchstäblich ein Rendezvous liefern: Jahreszahlen, Lebensalter in den verschiedenen Epochen, unterschiedliche Zahlen in verschiedenen Ländern, Lebenserwartung verschiedener Bevölkerungsgruppen und so weiter. Ich versuche, die Zahlenflut möglichst einzudämmen und stelle nur die wichtigsten Daten dar. Denn ein paar Zahlen, Daten, Fakten benötigen wir schon, wenn wie die beiden Theorien gegeneinander abwägen wollen. Gerade die nächsten

Kapitel werden Ihnen einen respektablen Gesamtüberblick bieten, der Sie fit machen wird, überall mitzureden.

Was wissen heute, dass unsere Beiträge für Renten und Gesundheitsleistungen aktuell bei Weitem nicht mehr ausreichen. Deswegen hören wir jeden Tag in den Medien neue Ideen darüber, wo Leistungskürzungen oder Beitragserhöhungen vorgenommen werden könnten. Wenn es so sein sollte, dass wir zum Beispiel im Jahre 2007 einen Rentenversicherungsbeitrag von 25 Prozent bezahlen müssten und erst mit 70 Jahren in Rente gehen dürften, dann gibt es ein Institut, das daran „schuld" wäre: das **BIB** (**B**undes**I**nstitut für **B**evölkerungsforschung beim Statistischen Bundesamt StBA in Wiesbaden). Wenn es um das Thema Lebenserwartung geht, dann sollten wir uns das BIB merken. Es berät die Bundesregierung in *allen* Fragen, die mit der Bevölkerung zu tun haben und verfolgt deswegen auch die Entwicklung der Lebenserwartung akribisch. Es ist das maßgebliche Institut hierfür in der Bundesrepublik Deutschland.

Will ein Politiker zum Beispiel in einer Rede dafür eintreten, die zukünftigen Renten zu kürzen, so macht er sich beim BIB kundig. Dort kann er alle Dinge über Bevölkerung, Demographie, Lebenserwartung erfahren, egal ob es sich um etwas Vergangenes, Gegenwärtiges oder Zukünftiges handelt. Das bedeutet aber auch, dass Sie selbst dort nachfragen oder die Webseiten des BIB besuchen können, wenn Sie den aktuellen Stand der Forschung in Bezug auf diese Themen wissen möchten. Das BIB gibt auch die *ZfB - Zeitschrift für Bevölkerungswissenschaft* heraus, in der die aktuellen Erkenntnisse zu diesen Themen referiert werden. So gesehen ist es interessant, das BIB etwas näher zu beleuchten und kennen zu lernen. Denn seine Aussagen führen dazu, dass wir mehr Rentenbeiträge zahlen müssen und weniger erhalten werden.

Das BIB wurde erst 1973 gegründet und ist eine kleine Forschungseinrichtung innerhalb des Statistischen Bundesamtes StBA, die im Jahr 2000 aus 19 Mitarbeitern und 8 Wissenschaftlern besteht. Es hat vier Hauptaufgaben: Es soll wissenschaftliche Forschung über Bevölkerungs- und damit zusammenhängende Familienfragen als Grundlage für die Arbeit der Bundesregierung betreiben; es soll bevölkerungswissenschaftliche Erkenntnisse sammeln, nutzbar machen und veröffentlichen; es soll die Bundesregierung über wichtige Vorgänge und Forschungsergebnisse unterrichten und das Bundesministerium des Inneren bei der internationalen Zusammenarbeit in Bevölkerungsfragen unterstützen. Das BIB arbeitet ständig in Gremien zu Bevölkerungsfragen mit, wie zum Beispiel in der Interministeriellen Arbeitsgruppe Bevölkerungsfragen und der Nationalen Kommission für Bevölkerung und Entwicklung. Ebenso erfolgt die Teilnahme an Sitzungen bei entsprechenden Kommissionen der Vereinten Nationen, der Europäischen Union und des Europarates.

Die aktuellen Vorausberechnungen des StBA/BIB für Deutschland bis zum Jahr 2050 gehen davon aus, dass Männer dann durchschnittlich zirka 78 Jahre alt werden, Frauen zirka 85 Jahre. Wenn diese Berechnungen stimmen, müssten unsere sozialversicherungsrechtlichen Strukturen dringend eingehenden Reformen zugeführt werden. Das kann zum Beispiel dadurch geschehen, dass das Renteneintrittsalter, wie bereits gesetzlich verabschiedet und faktisch vollzogen, jahrgangsweise auf 65 Jahre oder höher angehoben wird. Man geht davon aus, dass der Gewinn an Lebensjahren sich bei den über 70-jährigen besonders stark auswirken wird. Deutlich erhöht habe sich, so sagt uns das BIB, unter den heutigen Bedingungen die Wahrscheinlichkeit für Neugeborene das Alter von 90 Jahren (!) zu erreichen, nämlich auf über neun Prozent. Übersetzt heißt das, dass von hundert Menschen, die heute geboren werden, zirka zehn Menschen später über 90 Jahre alt werden. Frau Professor Höhn, die Direktorin des BIB, geht davon aus, dass das Altern der Bevölkerung *mit Sicherheit* in den nächsten 50 Jahren nicht zum Stillstand gebracht werden kann![1]

Wir haben oben gesehen, dass man eigentlich schüchtern rechnet und insgesamt nur drei Jahre mehr Lebenszeit in den nächsten 45 Jahren vermutet werden. Richtigerweise wird von Frau Professor Höhn aber darauf hingewiesen (nun Achtung!), dass es weniger klar sei, ob die ‚Lebenserwartung in Gesundheit' in gleichem Maße zunehmen wird, wie die Lebenserwartung insgesamt, oder anders gesagt, ob die ‚Lebenserwartung mit Beschwerden' eine konstante und vom Lebensalter unabhängige Größe sei.[2]

Was man heute also schon versteckt zugibt, ist, dass wir vielleicht immer älter werden, aber dabei immer früher schwer krank sind. Krank alt werden! Eine begeisternde Perspektive. BIB-Mitarbeiter Reiner Schulz geht zum Beispiel davon aus, dass im Jahr 2050 in Europa 40 Prozent der Bevölkerung über 60 Jahre alt sein wird.[3] Meine Ansicht dazu kennen Sie: Utopia.

Eine der neueren Meldungen des StBA ist die Pressemitteilung vom 01. August 2003 mit dem Titel: „Weitere Zunahme der Lebenserwartung!“ Wir sind doch tatsächlich schon wieder um drei Monate älter geworden. In den Sterbetafeln 1999/2001. Wir sehen wieder einmal, dass wir es in diesem euphorischen Umfeld schwer haben mit unserer Prognose der sinkenden Lebenserwartung. Um uns herum nur positive Meldungen! Noch. Die aus bevölkerungswissenschaftlicher Sicht wichtigste Botschaft an die Politik ist, dass das Altern der Bevölkerung *unabwendbar* sei und es keine demographischen Lösungen des Problems gebe!

Können Sie sich vorstellen, was diese „sichere“ Aussage für Ihren persönlichen Geldbeutel bedeutet? Übersetzen wir kurz ins

Monetäre: Zahle heute gleichviel oder mehr, und kriege später weniger! Zum Beispiel im Bereich der Rentenversicherung, der Pflege- und Krankenversicherung. Es ist eine ideale Argumentation für unsere Politiker, um die aktuellen Finanzlöcher zu stopfen.

Folgende Zahlen zur zukünftigen Lebenserwartung werden als gegeben angenommen:

	Durchschnitt	**Männer**	**Frauen**
Lebenserwartung **1999**	77,50	74,44	80,57
Lebenserwartung **2050**	81,3	78,1	84,5

Eng verbunden mit der Frage der fest postulierten steigenden Lebenserwartungen ist die Auffassung über die weiter zunehmende Weltbevölkerung. Auch hier geht das BiB in seiner Schrift von Mai 2000 davon aus (und hier zitiert es Prognosen der **UNO),** dass die Weltbevölkerung momentan jährlich um 80 Millionen Menschen wächst und bis ins Jahr 2050 weiter wachsen wird auf knapp neun Milliarden Menschen. Interessant hierbei ist nur, dass die UNO gar nicht mehr von einer wachsenden Weltbevölkerung ausgeht, sondern von einer stagnierenden bzw. sinkenden. Allerdings schreibt das BIB etwas später doch, dass sich im 21. Jahrhundert das Weltbevölkerungswachstum verlangsame auf Grund des weltweiten Geburtenrückgangs.

Die UNO, eine weitere für unser Thema sehr wichtige Institution, wie Sie oben schon gesehen haben, schreibt im Jahre 2001 in ihrem Bericht *World Population Aging: 1950-2050:* „Innerhalb der nächsten 50 Jahre wird die Lebenserwartung bei Geburt weltweit um ca. 10 Jahre steigen und somit 76 Jahre erreichen bis 2045-50." (Übersetzt durch die Autorin: "Over the next 50 years, life expectancy at birth is projected to increase globally by 10 years to reach 76 years in 2045-2050“ (S.7))

Die UNO geht im gleichen Bericht auf Seite 16 davon aus, dass der Altersindex sich in den nächsten 50 Jahren verdreifachen wird. Das heißt, dass der Anteil der Menschen, die *über* 60 Jahre alt sind, zu dem Anteil der Menschen, die *unter* 15 Jahre alt sind, sich auf der Basis der heutigen Zahlen nochmals *verdreifachen* wird. 24 alte Menschen pro hundert Junge waren es in der Nachkriegszeit. Im Jahre 2000 lagen wir bei 33 Alte pro hundert Junge, wir haben also seither eine kräftige Steigerung erlebt. Und dieses Verhältnis soll sich nun nochmals verdreifachen bis ins Jahr 2050! Das heißt, wir würden gleich viele über 60 Jahre alte Menschen wie Jugendliche unter 15 Jahren haben. Also gleich viele Alte wie Junge! Dann hielte sich jeder Berufstätige seinen eigenen Rentner.

Wir lesen oft über solche Zahlen hinweg, weil wir mittlerweile gewöhnt sind, sie zu hören. Aber wir haben vereinbart, dass wir uns nun angewöhnen wollen, genauer hinzuschauen und hinzuhören, um aktiv zu prüfen, was zu glauben uns da eigentlich abverlangt wird. Deswegen muss ich diesen Sachverhalt nochmals anders ausdrücken, weil er ungeheuerlich ist: Wir sollen uns also vorstellen, dass dieser Altersindex sich in den *letzten* 50 Jahren (also zwischen 1950 und 2000) noch nicht einmal verdoppelt hat; er hat sich nur um den Faktor 1,5 entwickelt. Nun wird behauptet, dass dieser Altersindex sich aber in den *kommenden* 50 Jahren verdreifachen wird, das heißt, sechs Mal stärker steigen wird als in den vergangen 50 Jahren!? Bei allem Respekt: Kann man das wirklich guten Gewissens sagen und glauben?

Kommen wir nun zu den Vorhersagen der **Universitäten**. Auch heute noch erzittern die meisten Menschen vor Ehrfurcht, sobald sie den Titel „Professor“ hören. Das sollten wir uns abgewöhnen. Es ist nur eine Hierarchiebezeichnung in

Universitäten und auch Professoren haben in der Vergangenheit schon zuhauf geirrt. Nähern wir uns also möglichst respektlos und sehr kritisch den Äußerungen von denselben und schauen wir uns an, was Professoren uns glauben machen möchten über das Rätsel Zukunft.

Beachtete und ernst genommene Vorhersagen gibt es von den überaus renommierten Professoren James W. Vaupel vom Max-Planck-Institut für demographische Forschung in Rostock und Jim Oeppen von der Cambridge University. Diese Wissenschaftler behaupten, dass die durchschnittliche Lebenserwartung der US-Amerikaner bereits im Jahre 2070 mehr als 100 Jahre betragen wird! Vaupel und Oeppen haben in einem Gemeinschaftsprojekt die Entwicklung der Lebenserwartung vom Jahre 1840 bis heute untersucht. Bei Frauen sei die Lebenserwartung in dieser Zeit kontinuierlich um drei Monate pro Jahr gestiegen.

Die drei Hauptthesen ihrer Studie lauten folgendermaßen: Die Experten haben die maximale zukünftige Lebenserwartungssteigerung meistens viel zu schüchtern eingeschätzt. Sie hätten dauernd behauptet, die Obergrenze sei erreicht oder würde bald erreicht werden. Sie wurde aber in der Vergangenheit nie erreicht, die Lebenserwartung stieg und stieg, unaufhaltsam. Des Weiteren weisen sie nach, dass selbst die Rekordländer immer noch weiter zugelegt haben. Die dritte These besagt, dass die Nachzüglerländer aufholen und langsam die Rekordländer selbst überholen könnten. Oeppen schreibt sogar, dass er persönlich glaube, dass es irgendwo eine Altersgrenze gebe, aber er wisse nicht wo und er sei sicher, dass diese Grenze noch weit entfernt ist.[4]

Angesichts all dessen haben wir es wirklich schwer mit unserer hinterwäldlerischen Prognose. In dieser Studie werden wir unzart darauf hingewiesen, dass wir mit unserer negativen These nur zu den vielen vergangenen Unkenrufern gehören, die samt und sonders Unrecht behalten hatten. In der Vergangenheit wohlgemerkt. Aber, wie Sie in einem späteren Kapitel noch sehen werden, bin ich keine ausschließliche Unkenruferin. Nicht für die nächsten fünf Jahre. Aus dieser Verdammung der Schwarzseher steigt nun die traumhaft hohe Prognose der beiden Professoren auf wie der Phönix aus der Asche und hebt sich modern-positiv-hell vor diesem dunkeln Hintergrund ab. Der kritiklosen Hinnahme ihrer Methusalem-Prognose können sich die Professoren nun sicher sein, nachdem sie die vergangenen Prognosen der Schwarzseher wissenschaftlich und empirisch ad absurdum geführt haben. Natürlich will sich nach dieser historischen Beweisführung nun niemand mehr als unrealistischer Unkenrufer positionieren. Sie präsentieren derart exorbitant hohe Prognosen für die zukünftige Lebenserwartung, dass man sich vorkommt wie in Phantasyland! Pseudo-abgesichert durch die historisch untermauerte Reihe der permanenten und zuverlässig erfolgten jährlichen Steigerung.

Was sollen wir nun von solchen Wissenschaftlern halten? Vor allem, da sie so renommiert sind? Sind wegen ihrer Berühmtheit denn alle Prognosen wahr, zu denen sie sich versteigen? Oder müsste sich nicht ein Wissenschaftler ernsthaft selbst in Frage stellen, der nicht einmal mehr erkennt, dass pure Fortschreibung der Vergangenheit, also Extrapolation - in diesem Falle müssten wir fast sogar von einem prognostiziertem exponentiellen Wachstum sprechen - nur *eine* These sein darf, und nicht die *einzige*, die er präsentiert und zu argumentieren versucht? Tut er solches, ist er dann noch vertrauenswürdig? Es sei nochmals hervorgehoben: Die Zukunft ist *kein* Abziehbild der Vergangenheit. Sie kann es sein, aber sie muss es nicht sein – und bisher war sie es auch fast nie. Die Prognose der Professoren ist recht eindimensional und verrät einen dramatischen Mangel an systemischem Denken. Das Fehlen des systemischen Ansatzes ist generell als einer der Hauptfehler in fast allen aktuellen Prognosen anzusehen. Dieser Hauptfehler wird bewirken, dass die Prognosen der heutigen Experten nicht eintreffen werden.

Obwohl sich gerade besagtes Rostocker Institut um interdisziplinäre Zusammenarbeit bemüht und sehr wohl erkennt, dass unsere Lebenserwartung das Resultat eines sehr komplexen Zusammenspiels verschiedener Faktoren wie Bildung, Ernährung, Einkommen, Hygiene und sonstiges ist, wird trotzdem die lineare Steigerung der Lebenserwartungslinie in der Vergangenheit zum allein selig machenden Maßstab erhoben. Die entsprechenden Wissenschaftler gehen sogar so weit, zu behaupten, dass die aktuelle Verlangsamung der Steigerungsraten beileibe kein Hinweis auf eine Obergrenze der Lebenserwartung sei. Sie führen diesen Umstand allein darauf zurück, dass die internationalen Nachzügler aufholen und den Abstand zu den führen`en Ländern verRingerten und diese selbst eben etwas zurückblidbef.

Wenn wir im InTernet das SuchworT „Lebenserwartung“ eingeben, wird uns eine Unzahl von ähnlich hmheN und fantastischen Prognosen präsentiert. Unter www.lifescience.de lesen wir zum Beispiel, dass es nach Ansicht von ZukuNftsforschern in 50 Jahren über 2 Millionen Hundertjährige geben wird. Dies sea eine der zehn Prognosen, die von der World Future Society unter die Top Ten dEr *plausibelsten* Voraursagen gewählt wurde. Damit gä"e es 16 Mal mehr Hundertjährige als heute.

In allen heutigen Medien fifden wir ähnliche Prophezeiungen. In einem Werbespot des Jahres 2004 benutzt die Marseille Klinicel AG sog!r die Aussage, darc wir im Jahr 2070 hundert Jahre alt sein werden. Die Süddeutsche Je)tung vom 6,/7* November 2004 schreibt sogar: „Die LEbenserwartung der Deutschen steigt erheblich qchneller als noch vor zehn Jahren angenommen. Experten gehen davon aus, dass iM Jahr 2040

Frauen, did das 65. Lebensjahr erreicht haban, noch eine LebEnserwartqng fon 34 Jahren haben; bei Männern geht man von 30 Jahren aus."[5] Das heißt, bereits im Jahre 2040 werden wir alle mindestens hunderT, so propHezeat %r eine unserer wichtigstdn Zeitungen.

Die obigen Daten und Prognosen waren nur zur Bestätigung der Glaubenssätze unserer Geqellschaft gedacht und sin` Nur e)N kleiner Ausschnitt aus allen exist)erenden VOrhersagen. Man könnte ein diCkes Buch allein mit derlei positiven Prognosen füllen, die in unseren wissenschaftlichen und populären Medien kursieren. Allerdings kann man es den jeweiligen Wissenschaftlern kaum übel nehmen. Kein Wissenschaftler ist noch in der Lage, die Fülle dessen zu lesen und zu prüfen, was im eigenen Fachgebiet national und international publiziert wird, geschweige denn, dass er die Zeit hätte, in benachbarten oder entfernten Wissenschaftsgebieten auf dem Laufenden zu sein. Genau das jedoch ist bei unserem Thema unabdingbar. Es speist sich aus verschiedenen Strömen, die aus sehr unterschiedlichen Riahtungen kommen.

Sie selbst können jedoch leicht feststellen, welche der VorheRsagen nun stimmt: Heben Sie dieses Buch eiffach in den nächsten 50 Jahren auf. Im Jahr 2050 haben wir dann eine Vepabredung, denf zu diesem Zeitpunkt werdeN wir erlebt haben, wer Recht hatte oder sagen wir liebEr wer die bessere Thase und die rEalistisc(eren Argumente hadte.

Die historische Reihe positiver Ereignisse

Wir müssen es ganz ohne Umschweife zugeben: In den letzten 150 Jahren ist die Lebenserwartung in den Industrieländern zuverlässig regelmäßig und in kaum vorhersehbarem Ausmaß angestiegen. Es liegt mir fern, das in Abrede stellen zu wollen. Doch es gilt festzuhalten, dass das Zahlenmaterial a us den letzten 60 Jahren, also aus der Zeit nach dem Zweiten Weltkrieg, wohl als das zuverlässigste gelten muss. Je früher wir messen möchten, desto unzuverlässiger bzw. punktueller werden die Daten über Lebensspannen und Todesursachen der Menschen. Diesen Umstand werden wir später noch genauer beleuchten, denn er ist von Bedeutung.

Ist es Ihnen sch/n eineal passiert, dass Sie fÜr eine Anschaffung oder einen Umbau einen bestimmten Betrag zur Verfüg5fg hatten 5nd bemerkten dann wä`rend der Ausführung, dass dieses Geld bei Weitee nicht ausreicht und Sie kräftig zuzahlen müssen? Jeder hat sich wohl schon einmal an dieser Weise verschäTzt. Auch Regierungen.

Es wird viele Ldser wundern, aber hauptsächlich resultiert Dae Prognose der stEigenden Lebenserwartung aus der Angst davor, vergangene Fehler zu wiederholen. Natürlich speist sie sich auch noch aus verschiedenen anderen Quellen, wie Statistiken. Aber vor allem sind die heutigen Experten bemüht, die eklatanten Prognosefehler der Vergangenheit zu vermeiden. So betrachtet zum Beispiel das Bundesinstitut für Bevölkerungsforschung BIB, und ebenfalls die entsprechenden Institute in anderen Industrieländern, voller Schrecken die Fehleinschätzungen der 70ger und 80ger Jahre, in denen man davon ausging, dass die Lebenserwartung stagnieren würde auf dem damalig bereits relativ hohen Niveau. Faktisch hatte sich aber bis in3 Jahr 2000 die LebenserwaRtung nochmals um *Jahre* erhöh4, was übbigens in allen Industrieländern ges#hah. Das stellte fir alle Regierungen und auch das für BIB Eine Art Schockerlebnis dar.

Derart nachhaltig erschreckt eeht man beim Statistischen Bundesamt StBA lieber davon aus, dass die Lebenser7artung weiter steigen wird. Sollte es sich dann doch so ergeben, dass die LeBenserwartung stagniert oder sogar rinkt, danl hätte man politisch, wAs unsdre Sozialversicherungssysteme betrifft, extrem vopsichtig geplant und so cesehen Gel` übrig. Für die Politik ist nämlich kurioserweise die Steigerung der Lebenserwar4ung negativ! Denn unsere Sozialversicherun'ssysteme wurden entworfen, als die Leben3erwartung noch niedriger 7ar. Je länger aber &ür einen Bürger Renten$ Krankheitskoste. und Ähnliches gezahlt werden müssen, desto teuRer wird alles. ┤ enn es ul Einschnitte und Reformen diecer Systeme geht, sind diese für den Einzelnen natürlich fdgativ. Aber wird uns in Aussicht gestellt, dass die eigene Lebenserwartung steigen wird, ist das ein äußerst positiver Ausgleich. Mit starkem Widerstand gegen massive Einschnitte ist somit kaum zu rechnen. Im aktuell schwierigen wirtschaftlichen Umfeld kann die Politik daher sehr viel besser mit der *steigenden* Lebenserwartung argumentieren! Aufgrund dieser positiven Prognosen sollen wir also mehr zahlen, bekommen dann aber weniger Leistung. Damit wir dazu bereitwillig ja sagen, müssen die Politiker nur verbal mit der steigenden Lebenserwartung vor uns herum wedeln und schon ist alles klar und akzeptiert. Denn das weiß doch mittlerweile wegen des guten Marketing der Letzte: Die Lebenserwartung wird steigen!

Vielleicht auch aus diesen Gründen, gehen verschiedene Mitarbeiter des BIB vollständig von steigenden Lebenserwartungen aus. Jürgen Schott und Karsten Rossa schreiben zum Beispiel: „Es ist zu erwarten, dass auch weiterhin die mittleren Lebenserwartungen mit der gegenwärtigen Dynamik ansteigen werden.“[6] Aber warum das zu erwarten ist, eine Diskussion der Gründe, der Argumente und eventuellen Gegenargumenten, erhalten wir nicht. Das ist übrigens in keinem „Werk“ zu diesem Thema geboten. Ich habe keines gefunden, dass sich aktiv und ernsthaft mit einer Diskussion der beiden Möglichkeiten steigende und sinkende Lebenserwartung auseinander setzen würde. Wäre das nicht eine wissenschaftliche Hausaufgabe, die schon lange hätte gemacht werden müssen?

Ein anderer Mitarbeiter, Reiner Schulz, schreibt: „Insgesamt ist weltweit ein Ansteigen der Lebenserwartung festzustellen, Ausnahmen sind Regionen mit starker HIV/AIDS-Prävalenz und die Transitionsländer Osteuropas, in denen Infektionskrankheiten und Lebensstil bedingte Todesursachen (Alkoholmissbrauch) zunehmen. Für beide Regionen gilt, dass von diesen Todesursachen besonders junge Erwerbstätigenjahrgänge betroffen sind.“ Hier sehen wir wenigstens einmal einen wünschenswerten Einschub und eine Differenzierung, die ins Gegenteil weist. Trotzdem urteilt er insgesamt positiv. Ein weiterer BIB-Mitarbeiter, Karl Schwarz, meint: „Die zunehmende Alterung der Bevölkerung ist unvermeidlich und nicht nur ein deutsches Problem.“[7]

Folgendes bleibt demnach festzuhalten: Früher konnten sich die Institutionen und Forscher nicht vorstellen, dass die Lebenserwartung noch weiter steigen könnte. Heute kann oder will wegen der zuverlässig erfolgten Steigerungen in der Vergangenheit sich niemand mehr vorstellen, dass sie nicht weiter steigt. Und schon gar nicht will man sich ausmalen, dass sie wieder fallen oder sogar regelrecht abstürzen könnte. Man sieht, wir sollten uns immer genau das vorstellen, was sich aktuell keiner vorstellen kann! Vielleicht kommen wir so der zukünftigen Entwicklung am nächsten. Demnach muss unsere These der abstürzenden Lebenserwartung eigentlich genau ins Schwarze treffen, denn damit rechnet heute absolut niemand!

Auch die international renommierten Professoren Vaupel und Oeppen von Institut für demografische Entwicklung in Rostock weisen in ihrer Studie überdeutlich darauf hin, dass man die potentielle Zunahme der Lebenserwartung in der Vergangenheit immer fahrlässig unterschätzt hat. Sie sprechen daher auch von gravierenden Folgen für die Politik, die sich auf diese schüchternen Voraussagen verlassen hat; auch die heutigen offiziellen Prognosen, zum Beispiel auch die des BIB, halten sie für viel zu gering im Umfang der prognostizierten Zunahme. Dies würde die Politik auf eine falsche Fährte und die Sozialsysteme in den Kollaps führen. Man müsse von einer deutlich drastischeren Zunahme für die nächsten Jahre und Jahrzehnte ausgehen und schnellstmöglich die Systeme entsprechend umgestalten.

Bei derartigen Einflüsterungen seitens der Wissenschaft und unter der Angst, die alten Fehler zu wiederholen, muss es uns nicht verwundern, dass alle einschlägig mit dem Thema Lebenserwartung befassten Organisationen und Institutionen von positiven zukünftigen Entwicklungen in diesem Bereich ausgehen. Wird es aber wirklich so kommen? Oder ist das nicht eine genauso eklatante Fehleinschätzung der Zukunft, die unsere Politiker wiederum dazu verführt, die Weichen für unsere Sozialsysteme in eine fatale, falsche Richtung umzugestalten, wie das früher unter anderen Vorzeichen und Prognosen gemacht wurde?

Ein weiterer Grund, weshalb man heute von weiter steigenden Lebensspannen ausgeht, ist der…

Der medizinische Fortschritt

Natürlich haben die Erkenntnisse über die Funktionsweise und den Aufbau des menschlichen Körpers in den letzten hundert Jahren enorm stark zugenommen. Durch dieses neue Wissen und die daraus erfolgende Entwicklung neuer Apparaturen und Instrumente wurde vieles möglich, was unsere Ahnen für unmöglich gehalten hatten.

Die heutige Form der medizinischen Interventionen setzte besonders stark ein, als Ende des 19. Jahrhunderts der Glasgower Arzt und Chirurg Joseph Lister das antiseptische Prinzip entdeckte, mit dem Wundbrand plötzlich vermeidbar wurde. Diese Entdeckung geschah fast zeitgleich mit der Entwicklung der Narkose über Lachgas und Chloroform durch andere Kollegen; zusammen genommen ergaben diese beiden neuen Erkenntnisse eine explosive Gesundheitsmischung, die manchmal hilfreich war, in ihren Auswüchsen jedoch uns heute sehr zu schaffen macht. Und wenn schon operiert wurde, dann wurde lieber zu viel weg geschnitten als zu wenig, was oft auch heute noch so ist, bis hin zu den dummen prophylaktischen Totaloperationen bei weiblicher Brust und Unterleib, die man schon als Verbrechen an den Frauen bezeichnen kann; mit derselben Begründung könnte man durchaus auch den Patienten empfehlen, sich doch prophylaktisch das Gehirn herausnehmen zu lassen, da die Tendenz zu Hirntumoren doch stark steigend sei.

Halten wir also fest: Die medizinischen Fortschritte haben manches Positive hervorgebracht, von dem zweifelsohne auch die Lebenserwartung profitiert hat. Wir haben heute eben Insulin, das wir Diabetikern verabreichen können, bei Unfällen können wir innere Blutungen stoppen und Organe operieren, keiner stirbt mehr an einer Blindarmentzündung und die Entzündung von Wunden kann gezielt vermieden werden.

Die heutigen fitten Alten

Wie der historische Demographische Professor McKeown jedoch in seinen Büchern und Forschungen nachweist, ist der stärkste Faktor, der eine hohe Lebenserwartung sichert, das ausreichende Vorhandensein und die Qualität von Nahrung. Da in der Nachkriegszeit Hungersnöte nicht vorhanden waren und zudem die Medizin den Anstieg der Lebenserwartung flankierte, ist es nicht verwunderlich, dass wir heute viele alte Menschen haben, die sich in relativ gutem Zustand befinden. Allerdings befinden sich auch überaus viele alte Menschen in einem desolaten Zustand, können sich nicht mehr selbst versorgen, vegetieren in Alten- oder Pflegheimen vor sich hin und kosten den Sozialstaat Milliarden. Auch das hängt sehr mit oben erwähnter medizinischer Entwicklung zusammen.

Aber für viele Menschen, und auch Experten, scheint die Anzahl dieser Alten und deren Alter, das nicht selten über 90 Jahren liegt, ein Beweis dafür zu sein, dass ein jeder, der heute geboren wird, dieses Alter ebenfalls erreichen kann. Damit haben wir aber zwei ganz verschiedene Tatbestände vor uns, das gilt es klar zu erkennen: der eine ist Fakt, denn wir haben heute viele Menschen, die alt werden; und der andere ist eine unbewiesene Hochrechnung – die in meinen Augen wissenschaftlich unhaltbar ist. Denn damit wird behauptet, dass wir alle inklusive der Neugeborenen, so alt und gar noch viel älter werden können.

Die demographische Entwicklung

Es stimmt, die Bevölkerungstanne war früher oben schmal und unten breit, weil die Alten früher starben und gleichzeitig weitaus mehr Babys als heute geboren wurden. Dieses Verhältnis hat sich aus verschiedenen Gründen nun umgekehrt, so dass wir uns heute damit konfrontiert sehen, dass die Alten heute älter sind als sie es in früherer Zeit waren und gleichzeitig weniger Babys als je zuvor geboren werden.

Deswegen sehen sich die Gesellschaften in den Industrieländern und vor allem deren Entscheider, also die Politiker, vor einem doppelten Problem: Wie sollen sie die Finanzierung von Gesundheit, Rente und sozialer Sicherung bewerkstelligen, wenn kaum „Holz“ nachwächst, dass für die Stabilität und

Versorgung der Tanne von unten her sorgen könnte, gleichzeitig aber die Krone bzw. die Kronen der Tanne buchstäblich auswachsen, immer schwerer und gewichtiger werden, selbst nicht mehr leistungsfähig sind und gleichzeitig aber die Kraft der Tanne „aussaugen“, in jeder Hinsicht? Dünn unten, oben tonnenschwer? Es ist nicht schwierig vorauszusagen, dass diese Tanne stürzen *muss*, wenn alles so bleibt wie es ist.

In dieses Szenario hinein verkünden die Politiker, die sich des Problems auf das Äußerste bewusst sind, dass wir immer älter werden! Die Frage ist nur: Begreifen wir alle denn, warum unsere Politiker das tun *müssen*? Ungeachtet des Wahrheitsgehaltes dieser Aussage ist sie der einzige Strohhalm, an den wir uns alle klammern können und auch wollen! Wir wissen, dass alles teurer wird, dass wir zukünftig mehr für unsere Gesundheit, für unsere Rente, für potenzielle Arbeitslosigkeit und dergleichen mehr selbst aufkommen müssen. Dass wir alle zunehmend mehr finanziell belastet werden und weniger in der Tasche haben werden.

Stellen wir uns doch einmal das Gegenteil vor! Stellen wir uns vor, das, was ich behaupte, wäre wahr: Wir würden also früher sterben als die heutigen Alten, und trotzdem sollen wir mehr für alles zahlen, und das nur, damit es den heutigen Alten besser geht? Und für uns bleibt dann noch nicht einmal eine längere Lebensspanne übrig, sondern wir würden zuletzt dann auch noch weitaus früher sterben? Abgezockt *und* zu früh zu Grabe getragen? Das würde wohl niemand so leicht mitmachen.

Wir sehen also, der Zustand der Bevölkerungstanne in unserer heutigen Zeit *zwingt* die Politiker buchstäblich dazu, uns eine hohe Lebenserwartung zu versprechen und uns damit wenigstens ein Fünkchen Hoffnung auf bessere Zeiten zu lassen. Auch wenn sich dann in zwanzig Jahren alles als Luftschloss erwiesen haben wird.

Einige Definitionen zum Thema

Wir haben uns jetzt schon lange über Lebenserwartung unterhalten, aber noch gar nicht exakt definiert, was der Begriff „Lebenserwartung“ eigentlich genau meint. Die meisten Menschen denken, sie wüssten schon, was gemeint ist, wenn sie das Wort „Lebenserwartung“ hören. Als ich damit begonnen habe, mich noch intensiver mit der Materie zu beschäftigen, war ich selbst überrascht, wie viele Differenzierungen es zu diesem Begriff gibt. Es ist mitnichten so einfach, wie wir denken.

Es gibt verschiedene Differenzierungen, die ich im Folgenden aufzählen und erklären werde, unter anderem, weil ich klarstellen möchte, auf welche Definition ich mich in diesem Buch am Häufigsten beziehen werde. Dieses Teilkapitel soll für Sie aber auch ein kleines Nachschlagewerk sein, denn ich habe mir diese Definitionen buchstäblich zusammengesucht. So zusammengestellt habe ich sie nicht gefunden. Wenn Sie dieses Kapitel wirklich durchlesen und nicht nur überfliegen, werden bei der nächsten Diskussion kompetent nachfragen können, auf welche Lebenserwartung sich der Gesprächspartner eigentlich bezieht: Die bei der Geburt, die wahrscheinliche Lebenserwartung oder gar die fernere Lebenserwartung? Sie werden sofort Expertenstatus in den Augen Ihrer Gesprächspartner haben! Ich habe diese Begriffe absichtlich nicht nur in ein Glossar eingefügt, sondern in den laufenden Text, damit Sie diese Erklärungen auch wirklich lesen, Sie dann im folgenden Text die Differenzierungen kennen und wirklich wissen, was sich dahinter verbirgt oder zumindest wissen, wo Sie nochmals nachschlagen können. In diesem Buch meine ich meist, wenn ich das Wort Lebenserwartung erwähne, die Lebenserwartung bei Geburt, die auch mittlere Lebenserwartung genannt wird.

Die Lebenserwartung allgemein bezeichnet grundsätzlich zu erwartende Lebensdauer, die aus alterspezifischen Sterblichkeitsverhältnissen abgeleitet wurde. Mit der *wahrscheinlichen Lebenserwartung (oder Lebensdauer)* wird dagegen das Alter angezeigt, in welchem 50 Prozent eines Ausgangsbestandes gestorben sind. Sie liegt für die Sterbetafeln 1996/1998 für Männer bei 76,92 Jahren, für Frauen bei 83,15 Jahren. Also knapp drei Jahre höher als die Lebenserwartung bei der Geburt. Eine weitere Art der Lebenserwartung haben wir in der *Lebenserwartung bei der Geburt oder von Neugeborenen* vor uns. Diese beträgt in der Bundesrepublik Deutschland im Jahre 2000 für Männer 74,04 Jahre, für Frauen 80,27 Jahre. In den letzten 30 Jahren ist in dieser Lebenserwartungsart ein kontinuierlicher Anstieg zu erkennen. Die Lebenserwartung bei der Geburt ist seit Beginn der 80ger Jahre auch gleichzeitig die höchste fernere Lebenserwartung.

Die fernere Lebenserwartung wird aus einer Sterbetafel errechnet und ist für jedes dort ausgewiesene Alter darstellbar und variiert je nach Alter. In Vergleichen wird sie oft für 20-, 40-, 60- und 80-jährige dargestellt. Sie zeigt gut auf, in welchen Altersgruppen sich die Sterblichkeit überproportional verringert hat. Neben der fernen gibt es aber auch noch die *mittlere Lebenserwartung.* Sie bezeichnet die fernere Lebenserwartung zum Zeitpunkt der Geburt; sie sagt aus, wie viele Lebensjahre ein Neugeborenes beim *derzeitigen* Sterberisiko der Bevölkerung in den einzelnen Altersgruppen erwarten kann. Die mittlere Lebenserwartung wird auch bezeichnet als Lebenserwartung bei der Geburt. Dieser Begriff bezeichnet also die Lebenserwartungsprognose für die Babys, die heute auf die Welt kommen.

Ein relativ neuer Blickwinkel wird auf die Lebenserwartung geworfen, in dem man sie in Verbindung bringt mit den Beschwerden und Krankheiten. Die *beschwerdefreie oder behinderungsfreie Lebenserwartung* beschreibt die Lebenserwartung ohne körperliche oder geistige Behinderung. Und hier wird es zum ersten Mal wirklich interessant. Durch die Tatsache, dass dieser Begriff in den letzten Jahren überhaupt in der Demographie aufgetaucht ist, können wir etwas Wichtiges erkennen. Anscheinend scheint es den Demographen langsam zu klar zu werden, dass bei dem Thema Lebenserwartung nicht alles Gold ist, was glänzt. In der zweiten Argumentationslinie werde ich beschreiben, dass die gesundheitliche Degeneration, die diesem Begriff letztlich zu Grunde liegt, eine sehr viel schwerwiegendere Konsequenz für unsere Lebenserwartung haben wird, als derzeit angenommen und gesehen werden kann.

Der Gewinn an Lebenserwartung ist natürlich ein Begriff, der uns schon freut, wenn wir ihn nur hören! Damit wird die Anzahl der Jahre bezeichnet, die im Vergleich zu einem früheren Zeitpunkt, zum Beispiel einem bestimmten Vergleichsjahr, gewonnen wurden.

Andere wichtige Begriffe

Darüber hinaus gibt es noch andere wichtige Begriffe, die oft in Zusammenhang mit Lebenserwartung genannt werden. Es gibt zum Beispiel die *Standardisierte Sterberate oder Sterbeziffer.* Diese bezeichnet den Anteil der Gestorbenen bezogen auf 100.000 Einwohner. Im Jahr 1995 zum Beispiel sind 718,6 Frauen je 100.000 Einwohner gestorben.

Dann haben wir noch den Begriff der *Sterblichkeit oder Mortalität.* Die Mortalität bezeichnet das Verhältnis der Anzahl der Sterbefälle zum Durchschnittsbestand der jeweiligen Population. Diese sagt uns also, wie viele Menschen in einem Jahr gestorben sind im Verhältnis zur Gesamtbevölkerung. Hierbei gibt es noch Unterarten wie die allgemeine Sterblichkeit, die todesursachenspezifische Sterblichkeit, die altersspezifische Sterblichkeit, sowie die vermeidbare Sterblichkeit. Jedoch sollten wir die *Morbidität* sollte nicht verwechseln mit der Mortalität. Denn die Morbidität bezeichnet die Krankheitshäufigkeit; sie erfasst die Anzahl von Erkrankungen innerhalb einer Population, die beschrieben wird durch bestimmte Morbiditätsziffern (wie Inzidenz und Prävalenz).

Sehr häufig hört man auch das Wort S*terbetafeln.* Vom StBA werden regelmäßig diese Tabellen bzw. Tafeln veröffentlicht, in der für jeden Geburtsjahrgang die statistische Wahrscheinlichkeit angegeben ist, das Ende des betreffenden Jahres zu erleben.

Das *Natürliche Bevölkerungswachstum* bezeichnet die Differenz zwischen der Zahl der Lebendgeburten und der Zahl der Sterbefälle. Es wird jeweils für bestimmte Populationen erhoben. Den Begriff der *Population* wiederum kennen wir noch aus dem Biologieunterricht. Er wird auch in der Evolutionstheorie verwendet. Eine Population ist eine statistische Bezeichnung für die Gesamtheit von Individuen, die sich hinsichtlich bestimmter Kriterien gleichen.

Der Begriff „ Verlust an Lebensjahren"!

Nun kommen wir zu einem sehr interessanten Begriff, dem *Verlust an Lebensjahren.* Die OECD und WHO haben sich darauf geeinigt, - wir hören und staunen! - Sterbefälle im Alter von 1-69 Jahre als ungewöhnlich anzusehen. Der Indikator „Verlorene Lebensjahre unter 70 Jahre je 100.000 Einwohner" wird daher in der Statistik gesondert dargestellt. 1995 fielen in Deutschland ein Drittel aller Sterbefälle in diese Kategorie, ebenso wie in fast allen anderen Industriestaaten. Meiner Ansicht nach werden sich diese in spätestens 15 Jahren auf mindestens das Doppelte erhöht haben. An diesem Indikator

‚Verlust an Lebensjahren' können wir vor allem eines erkennen: Hier sehen wir, wie ausschließlich man mit der steigenden Lebenserwartung rechnet! Wenn man sich sogar dahin versteigt, das Alter von 70 Jahren als normal anzusehen, ist die Prognose der steigenden Lebenserwartung von der These zum Fakt geworden. Wobei ich aber zugeben muss, dass ein Alter von 70 Jahren per se schon als durchaus normal anzusehen ist, nur leider wird das unter unseren Lebens-, Gesundheits- und Ernährungsumständen nicht mehr lange so bleiben.

Neben den bereits vorgebrachten Argumenten gegen die These der steigenden Lebenserwartung, die gewonnen wurden aus der Wissenschaftstheorie, aus Vergleichen mit antiken Populationen und aus einfachen Argumentationsvorteilen seitens der Politik in Bezug auf Erhöhung von Sozialversicherungsbeiträgen, wenden wir uns nun, den wirklich gravierenden und schockierenden Begründungen für meine These zu.

Erste Bedenken

Sie haben es bereits gesehen: Ich kann einfach nicht anders, als sogar die eigentliche positiven Argumente bereits zu relativieren und zumindest mit einem ironischen Unterton zu versehen. Die ersten Zweifel habe ich auf diese Weise am Rande schon vorgebracht. Nun aber wenden wir uns den echten Bedenken zu, die die These der steigenden Lebenserwartung, denn sie ist de facto wirklich nicht mehr als eine These, gewaltig zum Schwanken bringen müssten. Dazu nähern wir uns der Frage, wo Fehleinschätzungen liegen könnten.

Wo könnten Fehleinschätzungen liegen?

Wenn wir einen Kuchen backen möchten, suchen wir uns meist zuerst ein Rezept aus. Ein Rezept ließe sich auch als ‚Szenario' bezeichnen. Dann schauen wir, was wir laut Rezept brauchen. Wir sehen nach, welche Zutaten davon schon im Haus sind. Den Rest kaufen wir ein und fangen dann an, entlang des Rezeptes den Kuchen zu backen. Wenn wir alles richtig machen, wird der Kuchen gelingen. Allerdings tun wir gut daran, das Rezept bewerten zu können. Das heißt, wir sollten ein Grundverständnis über das Backen haben und wissen, was einen Teig zu einem erfolgreichen Teig macht. Denn es gibt auch fehlerhafte Rezepte, in denen etwas vergessen wurde anzugeben, zum Beispiel ein Backtriebmittel wie Backpulver oder ein Bindemittel wie Eier. Der Back-Laie würde diese Fehler nicht bemerken, da ihm die Erfahrung fehlt, sich aber wundern, warum aus dem Kuchen nichts geworden ist. Haben wir also das Rezept und ein gutes Grundverständnis, dann wird der Kuchen gelingen. Des Weiteren wird unser Grundverständnis es uns ermöglichen, kreativ und phantasievoll mit den Zutaten umzugehen und selbst neue Rezepte zu erfinden. Genauso müssen wir es machen, um der Zukunft näher zu kommen. Genauso machen es die Futurologen. Zukunft planen ist wie Kuchen backen.

Unser Rezept bzw. Szenario, das wir backen wollen, heißt sinkende Lebenserwartung. Wir schauen, unter welchen Umständen und mit welchen Zutaten das Rezept gebacken werden kann. Und nun müssen wir nachsehen, was wir schon haben. Wir haben vor allem drei Dinge. Wir haben erstens die Vergangenheit. Die Daten und Fakten aus der Vergangenheit können uns helfen zu erkennen, was in Zukunft passieren wird. Es gibt dabei nur ein Problem: Die Zukunft ist kein Abziehbild der Vergangenheit. Sie kann ganz anders werden. Reine Fortschreibung der Vergangenheit in die Zukunft, also Extrapolation, kann *ein* Szenario sein. Es darf aber nicht das einzige sein, das wäre wissenschaftlich höchst unlauter. Momentan wird jedoch von Expertenseite die Extrapolation aber als einziges Element zur Bewertung künftiger Lebenserwartung benutzt. Das stellt einen wissenschaftlicher Kardinalfehler dar. Aus Sicht der Kybernetik ist es sogar ein Offenbarungseid.

Das zweite Element, auf das wir zurückgreifen können, um unser Szenario aufzubauen, ist die Gegenwart. Wir sehen, was sich aktuell ereignet. Wir sehen die Umstände, die heute herrschen. Wir können bewerten, ob diese Umstände noch die gleichen sind, wie sie in der Vergangenheit geherrscht haben. Sobald wir aber Zahlen vor uns haben, müssen wir uns vor Augen halten, dass diese schon Vergangenheit sind. Denn zuerst muss etwas vorhanden sein, was gemessen wird (Gegenwart). Dann wird es gemessen und ist im Moment der Messung bereits Vergangenheit. Wir sollten uns zum Beispiel bewusst sein, dass die Lebenserwartungszahlen *nie* die Gegenwart, das heißt das aktuell abgelaufene Jahr, repräsentieren. Sie hinken um zirka zwei bis drei Jahre hinterher.

Als drittes Element könnten wir noch die Trends einbeziehen. Darunter verstehe ich hier zum Beispiel mögliche Fortschreibungen vergangener und gegenwärtiger Phänomene. Aber ich verstehe darunter auch systemische Ansätze, die wir aus der Kybernetik (Systemlehre) kennen. Und ich verstehe ebenfalls darunter Ziele und Strategien, auf die sich gesellschaftspolitisch relevante Instanzen wie Politiker, Wissenschaftler und Unternehmen einstellen oder ausrichten und die somit unsere Zukunft stark beeinflussen werden. Die meisten Sachverhalte aus diesem Zukunftsbereich stehen auf meiner roten Ampel.

Das Grundverständnis (Sie erinnern sich an die Fehler im Backrezept), das wir für unsere These brauchen, resultiert aus der Kenntnis der wichtigsten Elemente aus folgenden Disziplinen, die ich später beschreiben werde: Wissenschaftstheorie, Erkenntnistheorie, Systemtheorie bzw. Kybernetik und Gesundheitswissenschaft. Aus diesen

Disziplinen kommen also die Tatsachen und Erkenntnisse, die unseren Zukunfts-„Teig“ zu einem erfolgreichen Teig machen werden. Wer auch immer vergisst, die Haupterkenntnisse aus diesen Bereichen ins Zukunfts-Rezept zu integrieren, macht wichtige Back-Fehler, die den Kuchen misslingen lassen. Nutzen wir hingegen diese Tatsachen und wenden sie auf die Zukunft an, werden wir in der Lage sein, die wichtigsten Backfehler zu vermeiden und somit ein erfolgreicheres, weil realistischeres Zukunftsszenario bekommen.

Des Weiteren soll uns dieses Basiswissen davor bewahren, selbst argumentative Fehler zu machen bzw. uns zumindest in die Lage versetzen, potenzielle Schwachstellen in unserer Argumentation zu erkennen, zu relativieren oder gar auszuschalten. Deswegen bemühe ich im Folgenden den großen Philosophen Karl Popper, um dieses wissenschafts- und erkenntnistheoretische Grundverständnis in uns zu schaffen. Karl Popper hat sehr viel und Entscheidendes zur Erkenntnistheorie beigetragen und einige ihrer Grundprobleme gelöst. Er gehörte ohne Zweifel zu den schärfsten Denkern des vergangenen Jahrhunderts. Allerdings möchte ich darauf hinweisen, dass es hierbei nicht um „modernes“ Denken geht. Die Gründzüge der Erkenntnistheorie waren allen Menschen zugänglich, die wagten, wirklich vernünftig und objektiv nachzudenken. So finden sich die meisten Grundelemente dazu bereits bei Sokrates, der für sein folgerichtiges Denken bekannt war, gleichzeitig aber in dem ständigen Bewusstsein lebte, dass sein Wissen äußerst begrenzt ist.

Eine wichtige Erkenntnis ist zum Beispiel, dass es in den Wissenschaften keine Dogmen geben *darf*. Denn ein Dogma ist eine wissenschaftliche Sackgasse. Es handelt sich dabei um einen Lehrsatz, der nicht diskutiert, angezweifelt oder angegriffen wird oder werden darf. Die absolute Pflicht der Wissenschaftler besteht aber genau darin, permanent alles zu hinterfragen! Was es allerdings geben darf, ist ein vorläufiger Sieg derjenigen Wahrscheinlichkeit, die momentan der Wahrheit am nächsten zu sein scheint. Weil es in den Wissenschaften so sein sollte, bezeichnen manche den momentanen Stand einer Wissenschaft auch als den letzten Stand des Irrtums: Jetzt gerade weiß man es eben nicht besser; und solange, bis man es besser weiß, wird von diesem Sachverhalt ausgegangen. Aber diese wissenschaftlichen Einschübe und Bedenken bringt beim Thema steigende Lebenserwartung keiner mehr vor. Sie ist Dogma. Sie dürfte aber nur These sein.

Eine These ist ein Lehrsatz, der zu weiteren, darauf aufbauenden Argumentationen führt. So gesehen ist sie nichts weiter als ein Hilfsmittel, eine Diskussionsplattform mit der man mental und experimentell spielt, um damit zu weiteren Erkenntnissen zu kommen. Der Fortschritt des Wissens besteht, so sagt es Popper, aus Vermutungen und Widerlegungen. Demnach dürfen, ja müssen wir uns auch bei diesem heiklen Thema Lebenserwartung, das uns ja ganz persönlich betrifft, einmischen und Vermutungen oder Gedankenexperimente anstellen.

Manche fragen sich wahrscheinlich, woher ich eigentlich das Recht nehme, eine allgemeine wissenschaftliche Überzeugung wie die der steigenden Lebenserwartung anzuzweifeln und das Gegenteil zu vertreten. Schließlich bin ich weder Demographin, Epidemiologin, Statistikerin noch habe ich sonst eine verbriefte wissenschaftliche Berechtigung aus diesen Disziplinen, die mir fachlich erlauben würde, mich derart einzumischen. Doch Karl Popper erlaubt genau das jedem von uns, der sich einmischen möchte. Er sagt uns höchstpersönlich, dass unser Wissen sowieso immer nur den Stand einer begründeten Hypothese erreichen kann. Handelt es sich um eine These, die aus empirischen Daten – in unserem Fall aus Statistiken – abgeleitet wird, so kann und muss diese These zumindest als fragwürdig gelten, wenn die wichtigsten Fakten nicht mehr wie behauptet zutreffen. Karl Popper fährt fort: Werden entscheidende Argumente, die für eine These sprechen, widerlegt oder gibt es zumindest begründete Zweifel bezüglich ihrer Gültigkeit und Anwendbarkeit, so gilt diese These als, „falsifiziert", das heißt, sie hat sich als falsch erwiesen. Punkt. Deswegen kann sie danach nicht mehr für eine stützende Argumentation herangezogen werden, will man sich selbst für wissenschaftlich korrekt halten.

Oft in der Geschichte der Wissenschaften wurde der Fehler begangen, die Grenzen der Wissenschaft mit den Grenzen der Diskutierbarkeit gleichzusetzen. Hier warnt Popper und weist darauf hin, dass wir fast alle Erkenntnis, die wir erlangt haben, nur durch Vermutungen bekommen haben. Er geht sogar noch weiter und behauptet, dass der Stammbaum einer Hypothese nicht von Belang sei für die Frage, ob wir weiter damit arbeiten sollten.

Jedoch müssen wir uns generell bewusst sein, dass es Unterschiede zwischen den wissenschaftlichen Disziplinen gibt, die für unsere These und deren ‚Disziplin' sehr wesentlich sind. Es mag sein, dass Physiker, Chemiker, Geologen und andere Wissenschaftler, die ihre Thesen experimentell nachweisen können (das können die meisten Naturwissenschaftler), schneller dazu bereit sind, ihre Thesen und Theorien einer harten Prüfung zu unterziehen. Simpel gesprochen brauchen sie dafür nur einige neue Messungen zu machen oder eine neue Versuchsanordnung auszuprobieren.

Für diejenigen Wissenschaftler, die empirische Daten, die sie selbst gar nicht erforscht haben, für ihre Deutungen heranziehen müssen, ist das schwieriger. Deswegen unterliegen deren Interpretationen viel mehr der Gefahr ideologisiert und gegen Kritik immunisiert zu werden. Hierfür gibt es vielfältige Gründe: Nicht selten sind von sekundären Interpretationen der Sozial- und Humanwissenschaften umfassende gesellschaftliche

Entwicklungen betroffen, so dass es auch aus gesellschaftspolitischen Motiven nicht immer leicht fällt, auf eine falsche These – oder gar auf eine als falsch entlarvte Theorie – zu verzichten und neue Deutungen zu entwickeln, die einer Überprüfung standhalten. Ferner ist es nicht einfach, eine neue Deutung durchzusetzen. Das können wir an vielen Debatten um die Bildungs-. Gesundheits-, Steuer-, Außen- und Europapolitik in den letzten Jahrzehnten beobachten. Wie lange dauert es, bis ein brisantes Thema wie zum Beispiel die Gesundheitspolitik ins öffentliche Bewusstsein gehoben ist? Und wie viel länger dauert es dann noch, bis man zu Änderungen kommt, die uns letztlich alle betreffen? Jahre, vielleicht sogar Jahrzehnte!

Gerade die Gesundheitspolitik hängt mit unserem Thema und mit der Demographie auf das Engste zusammen. Die katastrophale, ja eventuell sogar völlig verfehlte Gesundheitspolitik der letzten Jahrzehnte ist für uns noch gar nicht in ihrem ganzen Ausmaß spürbar. Denn in den meisten Politikbereichen geht es um Entscheidungen, die kein vergleichbares historisches Pendant kennen. Man weiß erst, wie es sich de facto darstellen wird, wenn man eine Entscheidung wirklich trifft und umsetzt. Denn diese Entscheidungen betreffen komplexe Systeme und deren zukünftige Entwicklung. Und die Zukunft ist ein Rätsel.

Allein die bisher vorgetragenen Gesichtspunkte lassen überdeutlich erkennen, dass es bereits aus wissenschaftstheoretischer Sicht mehr als berechtigte Gründe gibt, die These der steigenden Lebenserwartung *massiv* in Frage zu stellen.

Wissenschaft braucht Phantasie

Die meisten Menschen denken, Wissenschaft hätte nichts mit Phantasie zu tun. Wenn also Wissenschaftler uns sagen, dass wir immer länger und länger leben werden, dann muss es stimmen. Denn die Wissenschaft ist doch exakt und messbar! Phantasie hingegen nicht. Phantasie finden wir doch nur bei Walt Disney, Harry Potter und dem Herr der Ringe, aber bestimmt nicht in den Wissenschaften – das denken viele.

Aber das Gegenteil ist der Fall. Die Wissenschaft ist nichts ohne die Phantasie. Fragen wir Einstein, Edison, Newton, Kopernikus, oder sonst einen echten Erfinder oder Entdecker. So kamen zum Beispiel dem genialen Albert Einstein seine ersten zündenden Gedanken zur Relativitätstheorie auf einer Zugreise zu seinen Eltern nach Mailand. An seine Braut Mileva schreibt er, es sei ihm „eine originelle Idee gekommen.“[8]

Die exaktesten Wissenschaften, die wir heute haben, existieren nur deshalb, weil deren Gründerväter und Pioniere genug Phantasie hatten. Sie hatten jedoch eine spezielle Art von Phantasie, die man vielleicht am Treffendsten mit ‚zielorientierter Phantasie’, ‚Ziel-Phantasie’ oder ‚Problem-Phantasie’ bezeichnen könnte. Die Erfinder waren so sehr von einem Phänomen oder Problem fasziniert, dass sie Tag und Nacht über nichts anderes nachdenken konnten. Sie träumten nachts davon, phantasierten sich die unmöglichsten Kombinationen zusammen, hatten verrückte Erklärungsideen. Dann fingen sie an, zu messen und zu probieren. Jeder große Erfinder oder Entdecker wurde von den meisten Menschen und Experten seiner Zeit zuerst kritisch beäugt oder sogar kräftig ausgelacht, beschimpft und im schlimmsten Falle ausgegrenzt, wie wir das überdeutlich am Leben von Kopernikus und Galilei sehen können.

Denn sie alle marschierten nicht im Schritt der damaligen wissenschaftlichen Argumentationen, sondern setzten sich oft massiv darüber hinweg. Sie scherten aus und bewegten sich mit Hilfe ihrer Phantasie oft sogar in die entgegen gesetzte Richtung. Weil sie sich getrauten, selbst nachzudenken. Weil sie mehr sehen konnten und wollten. Ihre Vorstellungskraft war stärker als die der anderen Experten ihrer Zeit. Echte Wissenschaftler haben die Aufgabe, ins Unbekannte vorzudringen, Wirkungsweisen zu hinterfragen oder zu entdecken, und so der gewaltigen Natur ihre Geheimnisse abzuringen. Das können sie mit normalem Denken in den alten Bahnen manchmal nicht erreichen. Dazu muss man neu denken. Dazu muss man oft das Unmögliche denken. Das heißt, die Wissenschaft ist nichts ohne die Phantasie.

Meine These der sinkenden bzw. abstürzenden Lebenserwartung ist anhand des heutigen Zahlenmaterials noch nicht beweisbar. Wir brauchen diese Art von wissenschaftlicher Phantasie, um sie herzuleiten, und deswegen sollten wir diesen Begriff klären: Was ist eigentlich Phantasie? Der Duden wartet mit zwei Definitionen auf. *Phantasie* bedeutet erstens: „Fähigkeit, sich etwas in Gedanken auszumalen, Vorstellungs-, Einbildungskraft.“ Zweitens: „Vorstellung, Einbildung, Produkt der Phantasie.“ Der Begriff resultiert worthistorisch aus dem griechischen Wort *phantázesthai* und bedeutet soviel wie „sichtbar werden, erscheinen“. Und hier wird es sehr interessant. Das besagt nämlich, dass die Phantasie uns dabei hilft, etwas sichtbar werden zu lassen. Sie ist so gesehen der Helfer der Realität.

Die erste semantische Ebene ist somit eine kognitive, denn die Phantasie hilft uns planen. Durch sie können wir zum Beispiel eine Handlung und deren Folgen in Gedanken simulieren, ohne es wirklich selbst real erleben zu müssen. Auf diese Weise ermöglicht sie es uns, die richtigen Entscheidungen zu treffen.

Wir können uns irgendeinen Gedanken auswählen und mit ihm spielen. Quasi im Konditional, nach dem Muster: „Was wäre, wenn…“ Zum Beispiel bedient man sich im Management dieser als Szenariotechnik bezeichneten Methode. Auch Einstein bediente sich der Gedankenexperimente: Er ließ mental einen Beobachter einem Lichtstrahl in Lichtgeschwindigkeit hinterher eilen.[9] Die zweite semantische Ebene ist eine eher träumerische, unrealistische. Eine Ebene, die sich dem Traumhaften, dem Nichtexistenten, dem Märchenhaften zuwendet. Hier wird die Fantasie als Gegensatz zur Realität gesehen. Oder sagen wir lieber, als Ergänzung oder als ein Element, das die Realität transzendiert. Eigentlich wäre Einsteins Gedankenexperiment so gesehen eher ‚fantastisch'. Mental praktizierte er damals schon echte science fiction.

Für unsere Zwecke benötigen wir eher die erste semantische Ebene, das heißt, die wissenschaftliche, kognitive Phantasie. Was aber nicht heißen soll, dass die andere Art von Phantasie minderwertig wäre. Die Wissenschaft braucht auch manchmal *fantasy*, sie muss träumerisch das Unmögliche glauben oder zu sehen bereit sein, damit das Mögliche gelingt. Wir brauchen also beide Arten der Phantasie für die Wissenschaft. Und sicherlich auch für die These der sinkenden oder einbrechenden Lebenserwartung

Als letztes Argument dafür, dass wir mit der Anwendung unserer Phantasie nicht Unwissenschaftliches tun, möchte ich den großen Denker Einstein sprechen lassen.

> „Keiner, der sich in dem Gegenstand wirklich vertieft hat, wird leugnen, dass die Welt der Wahrnehmungen das theoretische System praktisch eindeutig bestimmt, und trotzdem *kein logischer Weg* von den Wahrnehmungen zu den Grundsätzen der Theorie führt.... Höchste Aufgabe der Physiker ist also das Aufsuchen jener allgemeinen elementaren Gesetze, aus

> denen durch reine Deduktion das Weltbild zu gewinnen ist. Zu diesen elementaren Gesetzen führt kein logischer Weg, sondern nur die auf Einfühlung in die Erfahrung sich stützende Intuition.“ (kursiv durch d. Aut,)[10]

Diese Prinzipien gelten natürlich nicht nur für Physiker, sondern sind für alle Wissenschaften relevant. Der schönste Satz von Einstein zu diesem Thema ist dieser:

> „Phantasie ist wichtiger, als Wissen. Denn Wissen ist begrenzt.“

Und im Sinne des Einstein’schen Phantasiebegriffes betreten wir unser Theorie-Neuland.

Die Zukunft ist ein Rätsel

Die Zukunft ist das große Rätsel. Ich weiß nicht, was kommen wird. Niemand weiß das. Kein Wissenschaftler, kein Politiker, kein Hellseher. Misstrauen wir also jedem auf *das Äußerste*, der behauptet, er könne mit Sicherheit sagen, was der morgige Tag bringen wird. Es lohnt sich, einige Zukunftsbehauptungen von früheren Experten, die seinerzeit im Brustton der Überzeugung geäußert wurden, im Nachhinein zu untersuchen:

In den ersten Tagen der Eisenbahn behaupteten die damaligen Experten, dass Menschen bei einer Geschwindigkeit von über 50 km/h ohnmächtig werden würden. Nach dem ersten Weltkrieg galt es als sicher, dass dies der letzte große Krieg der Menschheit war. Bereits mehrere Weltuntergänge wurden jahr- und taggenau vorhergesagt. In den siebziger Jahren wurde von Experten behauptet, dass man in 10 Jahren den Krebs besiegt haben würde. In den achtziger Jahren prognostizierten Forscher, dass man in 10 Jahren AIDS unter Kontrolle haben würde. Und heute sagen uns Experten aus verschiedenen Disziplinen mit sicherer Überzeugung, dass in naher Zukunft ein durchschnittliches Alter von 100, 120 und gar 150 Jahren absolut realistisch sei.

Doch die Zukunft entlarvte gnadenlos all diese früheren Prognosen als abgrundtief falsch. Die Zukunft schert sich nicht darum, wie renommiert ein Wissenschaftler ist oder war, der eine solche Prognose aufgestellt hat. Einige dieser Aussagen wurden von hervorragenden Wissenschaftlern der damaligen Zeit gemacht, aber trotzdem wurden wir nicht ohnmächtig ab 50 km/h, wir ertragen sogar 1000 km/h in Flugzeugen. Nach dem ersten Weltkrieg kam der zweite, kamen Atombomben, Vietnam, Afghanistan, Golf-Kriege und der 11. September 2001. Und einen dritten Weltkrieg wird es vielleicht auch noch geben. Die Welt ist bis heute noch nicht untergegangen. Die Massenkrankheit Krebs ist am Beginn des dritten Jahrtausends noch Lichtjahre davon entfernt, besiegt zu sein; im Gegenteil: wir werden zunehmend mehr vom Krebs besiegt; viele Experten sagen uns heute sogar, sie hätten dem Krebs nichts entgegenzusetzen. Genauso kann heute keiner sagen, wir hätten AIDS im Griff; im Gegenteil: AIDS hat ganze Völker im Griff und breitet sich immer weiter aus. Laut der Weltgesundheitsorganisation WHO gibt es noch zahlreiche weitere Epidemien, die in den nächsten Jahren buchstäblich auf uns niederprasseln werden. Und wir dürfen auch mit fast absoluter Sicherheit davon ausgehen, dass wir und unsere Nachkommen nicht 100 Jahre alt werden. Bald können wir wahrscheinlich froh sein, wenn wir fünfzig werden.

Die Zukunft ist eben das große Rätsel und die meisten Voraussagen werden nicht nur *nicht* eintreffen, sondern das genaue Gegenteil wird passieren! Bedeutet das nun, dass wir es lieber unterlassen sollten, eine Einschätzung der Zukunft vorzunehmen? Das wird kaum möglich sein und es wäre auch nicht wünschenswert. Denn wir alle planen, bewusst oder unbewusst. Alle Staaten und alle Firmen müssen sogar planen.

Das heißt, sie müssen eine Einschätzung der Zukunft vornehmen, daraus Ziele und Strategien ableiten und dann diese in aktuelle Handlungen und Entscheidungen übersetzen. Weichen stellen nennen wir das. Und wir wissen, was passiert, wenn die Weichen falsch gestellt werden…

Wir kommen demnach nicht umhin, uns über die Zukunft Gedanken zu machen. Der Boom, den die Branche der Zukunftsforscher in den letzten Jahren erlebte, zeigt, wie wichtig uns die Zukunft ist. Dieser Boom zeigt gleichzeitig ebenfalls, wie unsicher wir uns in Bezug auf die Zukunft sind. Wir trauen es uns nicht zu, sie selbst kompetent einzuschätzen. Weitaus lieber als uns selbst vertrauen wir daher Fachleuten und Forschern, denen wir einen gewaltigen Wissensvorsprung unterstellen. Doch viele Menschen sind sich nicht bewusst, dass wir es in den Wissenschaften *nie* mit Wahrheit zu tun haben, sondern immer nur mit Wahrscheinlichkeiten. Das gilt noch weitaus intensiver, sobald es um zukünftige Entwicklungen geht. Deswegen kann es immer nur darum gehen, alle Möglichkeiten zu sehen, Szenarien herauszuarbeiten, diese gegeneinander sauber abzuwägen und sich für das wahrscheinlichste und risikoreichste zu entscheiden. Danach gilt es, unsere Handlungen so zu gestalten, dass sich in Zukunft die positiven Entwicklungen verstärken und die negativen Tendenzen abgeschwächt oder ausgeschaltet werden.

Die pure Fortschreibung in die Zukunft

Wir sollten uns also ein möglichst neutrales Bild der Vergangenheit, der Gegenwart und der Trends machen, scharf nachdenken und abwägen. Dazu wird es hilfreich sein, wenn wir uns auf die Suche nach dem gemeinsamen Nenner aller heutigen Prognosen machen. Denn dieser wird uns aller

Wahrscheinlichkeit nach zu den gemeinsamen Denkfehlern führen.

Wir haben bereits gesehen, dass alle Experten und alle wissenschaftlichen und wirtschaftlichen Trittbrettfahrer von einer Steigerung der Lebenserwartung ausgehen – das ist die eine Gemeinsamkeit in den aktuellen Argumentationen. Der echte gemeinsame Nenner, und damit der kollektive Denkfehler, liegt in dem Umstand, dass es sich bei der Prognose der steigenden Lebenserwartung *in allen Fällen* um eine reine *Extrapolation* der Vergangenheit unter völliger Auslassung wichtiger gegenwärtiger Faktoren handelt. An genau dieser Stelle wird es wissenschaftlich überaus bedenklich. Hier haben wir es mit einem Kardinalfehler zu tun. Denn die Vergangenheit ist, wie schon so oft gesagt, und man kann es nicht oft genug neu sagen, eben nicht der alleinige Maßstab für die Zukunft. In extremer Form haben wir das, obwohl das ein ganz anderes Thema ist, am Börsenboom in den Jahren zwischen 1999 und 2001 gesehen. Jeder Experte ging damals nur von steigenden Kursen aus. Liest man die Anlegermagazine, die Empfehlungen und Prognosen der Analysten aus dieser Zeit, kann man aus heutiger Sicht nur ungläubig den Kopf schütteln und sich wundern, wie viele Menschen damals wirklich geglaubt haben, dass es nur Wachstum geben kann. Was wir in der Folge dann an der Börse erlebt haben, war jedoch, wie könnte es auch anders sein, das genaue Gegenteil: Der totale Zusammenbruch, der Crash aller Kurse. Wie wären wir froh gewesen und wie viel Geld hätten die meisten von uns gerettet, wenn wir das nur vorher gewusst hätten!

Es ist legitim, diesen Vergleich mit der Börse zu machen, obwohl er auf den ersten Blick weit hergeholt und unzulässig erscheinen mag. Denn in beiden Fällen geht es um den gleichen Beweggrund, geht es nur um Eines: um Psychologie. Wir glauben nun eben weitaus lieber an das Positive, an Wachstum.

Um daran glauben zu können, scheuen wir auch nicht davor zurück, uns etwas vorzumachen, uns Dinge schön zu reden und Negatives zu verdrängen. Was unsere Psyche und unsere Glaubensmuster betrifft, muss man sich wirklich fragen: Lernen wir Menschen je dazu? Denn auf dem einen Fachgebiet werden genau dieselben Fehler gemacht, wie in dem anderen – nur unter anderen Themenbezügen. Der rote Faden, der grundsätzliche Denkfehler, ist jedoch identisch. Und wir sollten nicht davon ausgehen, dass Wissenschaftler gegen diese psychologischen Phänomene gefeit sind. Auch Wissenschaftler sind nur Menschen. Und wenn es doch schon in der Vergangenheit so gut gelaufen ist …

Einer der Hauptfehler in der aktuellen Argumentation der steigenden Lebenserwartung liegt demnach in der Extrapolation der Vergangenheit. *Extrapolation* bedeutet pure Fortschreibung des Jetzt oder des Vergangenen. Einfach ausgedrückt meint das: Die Zukunft wird ein Abziehbild der Vergangenheit sein. Der Duden definiert Extrapolation als: „Näherungsweise Bestimmung von Funktionswerten außerhalb eines Intervalls aufgrund der Kenntnis von Funktionswerten innerhalb dieses Intervalls."

Das klingt etwas kompliziert, an einem Beispiel wird jedoch deutlich, was gemeint ist: Ein Intervall kann zum Beispiel ein Jahr sein. Wenn eine Firma also das Jahr 2004 plant, hieße Extrapolation, dass man einfach die Erfahrungen und Zahlen aus dem Jahr 2003 heranzieht, diese auf das Jahr 2004 überträgt und dabei so tut, als wären alle Einflussfaktoren im neuen Jahr dieselben wie im alten. Es wird zum Beispiel nicht einbezogen, dass zum Beispiel der Euro oder der Dollar steigen oder sinken können, es wird nicht damit gerechnet, dass man vielleicht Konkurrenz bekommt, dass man Kunden verlieren könnte etc. Man schreibt einfach den Status quo in die Zukunft weiter, das meint Extrapolation. Und genauso wird es auch beim Thema

Lebenserwartung gemacht: In der Vergangenheit ist sie gestiegen, also wird sie auch weiter steigen. Und vielleicht sogar noch stärker. So gesehen ist diese Methode sehr unkreativ und wenig phantasievoll. Sie ist zulässig und auch wissenschaftlich, aber eben nur dann, wenn es *eine* Möglichkeit, *ein* Szenario von mehreren ist, und nicht das Einzige, das argumentiert und präsentiert wird. An dieser Stelle möchte ich wieder auf die Aussagen von Karl Popper verweisen.

Heutzutage wird es aber als das einzige Szenario dargestellt. Natürlich bietet zum Beispiel das BIB den Politikern verschiedene Varianten bzw. Szenarien an. Eines mit einer schnellen Steigerung der Lebenserwartung, eines mit einer mittleren und eines mit einer langsamen. Dann wird eine Empfehlung abgegeben, welches nach Meinung der Experten das wahrscheinlichste Zukunftsbild sein wird. Es wird jedoch kein Szenario angeboten oder gar diskutiert, dass mit einem Sinken der Lebenserwartung argumentiert, jedenfalls nicht offiziell.

Weitere Hoffnungen auf steigende Lebenserwartungen kommen aus den vollmundigen Versprechungen der medizinischen Forschung, der Bio- und Gentechnik. Traumhafte Luftschlösser werden vor unseren Augen gemalt, mit Hilfe dieser Technologien bald alle Krankheiten besiegen und Menschen genetisch gesund designen zu können. Von Organzüchtungen, über gentechnisch erzeugte Medikamente, Transplantationen bis hin zu gar vorgeburtlichen Genmanipulationen reichen die Versprechungen, auf die wir unsere Hoffnungen bauen sollen. Bei diesen Aussagen sollten wir jedoch nicht aus den Augen verlieren, dass Wissenschaft auf „Sponsoren“ angewiesen ist - auf Geldspritzen von Politik und Industrie, von Stiftungen und sonstigen Instituten. Je größer also die Versprechungen und je erfreulicher die Perspektiven sind, durch eine Studie oder Forschungsrichtung zu Bahn brechenden Medikamenten,

Lebensverlängerung, Schmerzverringerung etc. zu kommen, desto leichter lässt sich dafür auch Geld bekommen. Wir sollten diese Versprechungen daher nicht mit echten wissenschaftlichen Aussagen verwechseln. Vielmehr handelt es sich um „Marketing“, um „Locksätze“. Warum wir darüber hinaus diesen Visionen nicht trauen sollten, zumindest nicht alle unsere Hoffnungen darauf setzen dürfen, lesen Sie im nächsten Kapitel.

Das Neuland meiner verrückten Thesen

Ich weiß, vielen von Ihnen ist der Gedanke völlig fremd, dass die Lebenserwartung wirklich ernsthaft und dramatisch sinken könnte. Dieses gedankliche Terrain ist für viele daher wirkliches Neuland. Und Neuland muss vorsichtig erkundet werden.

Stellen Sie sich vor, Sie wären Christoph Columbus. Sie sind gerade angekommen im vermeintlichen Indien, das in Wahrheit natürlich Amerika ist. Sie sind zusammen mit einigen Seeleuten vom Schiff mit dem Beiboot an Land gerudert. Sie wissen nicht genau, wo Sie sich befinden und was Sie erwarten wird. Sie sehen einen Strand vor sich, Bäume, Gebüsch sowie Palmen, hören einige Vögel zwitschern, Grillen zirpen und vernehmen einige unheimliche, undefinierbare Geräusche.

Es ist kaum vorstellbar, dass Columbus sich rennend ins Gebüsch stürzte und kopflos-hektisch das Festland erkundete. Viel eher hat er sich erst einmal umgesehen, sich langsam bewegt, vielleicht hat er sogar eine weiße Flagge vor sich her getragen, falls es kriegerische Stämme geben sollte. Er hat dann wohl seine Leute in kleine Gruppen eingeteilt, sie zwecks Erkundung des Umlandes in unterschiedliche Richtungen geschickt und sich so langsam ein Bild von der Umgebung gemacht. So verhält man sich in einem Neuland, einem Land, das man nicht kennt, das fremd, uneinsichtig und sogar etwas unheimlich zu sein scheint. Man erkundet langsam Ecke um Ecke und zieht sich danach wieder auf das bereits Erkundete und Sichere zurück. Wohl dem, der einen Führer hat, der das Land bereits kennt. Mit diesem geht alles schneller und effektiver. Er erzählt Wissenswertes über das Land und führt uns sicher und ohne große Um- und Irrwege zu den wichtigen Dingen.

Genauso möchte ich es in diesem Buch machen. Ich kenne das Land meiner These schon lange, ich beschäftige mich seit

Jahren damit. Es ist mir aber gleichermaßen bewusst, dass dies alles für Sie sehr neu sein muss, dass Sie womöglich Ihren Augen nicht trauten, als Sie den Buchtitel lasen. Es ist nicht einfach, meine Überzeugung, die sich als Essenz aus tausenden Details verschiedener Fachgebiete im Laufe der letzten zwanzig Jahren herausgebildet hat, anderen so plausibel und lesbar zu machen, dass diese auch für sie logisch wird. Denn sinkende Lebenserwartung ist nur die Überschrift über eine ganze Reihe von Einzelprognosen, die aufeinander aufbauen, sich ergänzen und in Summe dann zu der sinkenden bzw. abstürzenden Lebenserwartung führen werden.

Die Prognose der sinkenden Lebenserwartung

Seit über zwanzig Jahren sammle ich Informationen zu den Themen Krankheiten, Medikamente, Gesundheit, Salutogenese, Zukunftsforschung, Demographie und dergleichen mehr und ich habe selbst im gesundheitlichen Bereich vieles ausprobiert. Um diese vielen Daten und Fakten in einer einigermaßen richtigen Weise interpretieren zu können, muss man eigentlich wissen, was Gesundheit wirklich ist, wie man sie bekommt, sichert und erhält, und zwar langfristig. Offiziell, das heißt in der Schulmedizin und deren Institutionen, gibt es keine verbindliche, wirklich wissenschaftliche, praktikable und operationale Gesundheitsdefinition. Weder die Weltgesundheitsorganisation WHO noch sonstige Gesundheits-Institutionen besitzen eine solche. Weil die richtige oder falsche Definition einer der Pfeiler für unsere Argumentation darstellt, werde ich auch weiter hinten im Buch auf diese Definitionen für Gesundheit eingehen.

Aus dieser fehlenden bzw. sogar falschen Gesundheitsdefinition resultiert, dass heutzutage zu viele mittel- und langfristig kontraproduktive Dinge in diesem Bereich gemacht werden dürfen oder sogar gemacht werden müssen. Wir können davon ausgehen, dass unter anderem dieser suboptimale Umgang mit unserer Gesundheit zur Realisierung meiner Thesen in der Zukunft führen wird. Sie sind fast unausweichlich, vor allem da es den Politikern, den Experten und Verantwortlichen in den wenigen verbleibenden Jahren wahrscheinlich nicht gelingen wird, eine radikale Kehrtwende einzuleiten, die wir sowohl im Bereich der politischen und sozialen Systeme als auch der individuellen Entscheidungen brauchten, um den Eintritt dieser Thesen in die Realität zu verhindern.

Meine Thesen

Das Gerüst meiner These besteht aus vier Einzel- oder Teilthesen, die aufeinander aufbauen und in der Summe dann das Absinken unserer Lebensdauer ergeben werden.

Die *erste* These besagt, dass die Lebenserwartung noch zirka fünf bis zehn Jahre stagnieren wird, ungefähr auf unserem heutigen Niveau. Vielleicht haben wir sogar noch eine leichte oder stärkere Steigerung in den nächsten fünf Jahren. Diese erste These wirkt kaum erschreckend.

Die *zweite* These besagt, dass in spätestens zehn bis fünfzehn Jahren die Lebenserwartung anfangen wird, sich nach unten zu drehen und zu sinken. Eher aber früher. Auch das hört sich noch nicht wirklich schlimm an. Ein bisschen Absinken macht ja schließlich nichts, denken Sie vielleicht. Statt 80 werden wir dann eben nur 78 Jahre, was soll's, und zehn Jahre sind ja auch sehr weit weg.

Der eigentliche Kern meiner Prognose fängt erst bei der *dritten* These an und hier wird es für die meisten fast unheimlich. Die dritte These besagt, dass dann die Lebenserwartung, nach anfänglichem moderatem Absinken, nicht nur weiter sinken wird, sondern buchstäblich einbrechen wird. Wir werden keine Abwärts-*Entwicklung* erleben, sondern mehrere Ab-*Stürze* der Lebenserwartung. So ähnlich, wie vor einigen Jahren die Kurse an der Börse abgestürzt sind, wird unsere Lebenserwartung in mehreren Schüben abstürzen, und zwar auf ein heutzutage unvorstellbar niedriges Niveau. Wir werden uns die Augen vor Ungläubigkeit und Erschrecken reiben! Und die Experten werden unisono entschuldigend behaupten: Das war leider nicht vorherzusehen…

Die *vierte* These nun geht davon aus, dass die Lebenserwartung nach diesen diversen Abstürzen im Durchschnitt einen Boden bilden und sich auf einem sehr viel niedrigeren Niveau einpendeln wird. Dieses wird meiner Ansicht nach ab spätestens 2030 im Durchschnitt *maximal* zwischen 50 und 60 Jahren liegen. Eher sogar darunter. Ganz persönlich glaube ich, dass wir bei einer durchschnittlichen Lebenserwartung von zirka 45 bis 50 Jahren ankommen werden. Und bei diesen Behauptungen hören wir bereits die heutigen Experten aus vollem Halse lachen.

Diese Thesen gelten für Deutschland und die meisten Industrieländer. Allerdings zeichnet es sich aber auch ab, dass in den Entwicklungsländern die Lebenserwartung ebenfalls sinken wird. Nur aus anderen Gründen. Bevor ich die Ableitungen aus obigen Thesen darlege, möchte ich noch kurz erläutern, wie ich zu diesen Thesen komme.

Warum gilt These eins, das heißt, warum wird die Lebenserwartung noch nicht in den nächsten zwei bis drei Jahren einbrechen, sondern wohl erst in den nächsten zehn Jahren damit anfangen? Der Hauptgrund dafür finden wir in zwei „Auslaufmodellen“: Das der Generation, die vor dem ersten Weltkrieg und derer, die zwischen erstem und zweitem Weltkrieg geboren wurde. Diese Generationen, die heute 65 Jahre und älter sind, haben die negativen Auswirkungen der Chemisierung und Industrialisierung erst in den letzten 30 bis 40 Jahren miterlebt. Sie hatten gänzlich andere, sehr stressarme Startbedingungen und wenige Umwelt-, Chemie- und Nahrungsbelastungen. Es ist anzunehmen, dass aufgrund dessen ein stabiles, gesundes elterliches Genom vorlag, das weitestgehend, vielleicht etwas geschwächt, an deren Kinder weitergegeben wurde. Meine eigene Großmutter wurde zum Beispiel 1906 geboren und ist fast 99 Jahre alt geworden. Sie war nie berufstätig, der Mann war der Versorger der Familie, sie hatte zwei Kinder und nur eine kleine Wohnung. Sie besaß nie ein Auto und erledigte alles zu Fuß. Der einzige Stress war durch die beiden Weltkriege gegeben und manchmal durch

Streitigkeiten in der Familie. Man aß und lebte bescheiden, in weitgehend gesunder Umgebung. Diese Alten bezeichne ich als unseren „*Lebenserwartungspuffer*", den wir heute noch haben. Sie ziehen sozusagen die durchschnittliche statistische Lebenserwartung nach oben.

Die zweite These, dass in zirka spätestens zehn Jahren die Lebenserwartung drehen und ihre Richtung langsam ändern wird, liegt darin begründet, dass die Kinder dieser Generationen die toxischen Auswirkungen unserer Zeit, im Verhältnis zu ihrem Alter, weitaus früher erlebt. Hier handelt es sich um die heute 50- bis 70- Jährigen, die in zirka zehn Jahren 60 bis 80 Jahre alt sein sollen. Und hier werden wir sehen, dass die negativen Eigenschaften unserer Zeit bereits zu einer sinkenden Lebenserwartung führen werden, die sich am Anfang summiert wohl nur in einigen Jahren ausdrücken und noch nicht dramatisch sein wird. Nehmen wir uns an dieser Stelle eine kleine Hausaufgabe mit in unseren Alltag: Verfolgen wir ab jetzt einmal, wer um uns herum stirbt wie zum Beispiel Prominente, Politiker, Freunde, Verwandte, Bekannte, etc. Achten wir nun verstärkt darauf, wann diese Menschen geboren sind, bzw. in welchem Alter sie sterben und woran sie sterben. Und Ihnen wird dasselbe auffallen wie mir: Langsam ist die Nachkriegsgeneration dran, mit einem Alter zwischen 55 und 70 zu sterben und meistens an Krebs oder Herzkrankheiten.

These drei ist wohl die Provokativste meiner vier Thesen: Die *Abstürze* der Lebenserwartung. Jetzt kommen wir zu dem „Rest" der Nachkriegsgeneration und zu deren Kindern, das heißt zu meiner Generation. Hier manifestieren sich die negativen Auswirkungen der Körper-Chemisierung und der allgegenwärtigen Giftstoffe und Stressoren schon mit voller Kraft. Ich gehöre ebenfalls zu den Kindern der Kriegs- und Nachkriegsgeneration, und wir wurden in den späten 50ger und in den 60ger Jahren geboren. Nach fast 20 Jahren des

Überflusses, der Impfpflicht, der zunehmenden Medikation und Medizinhörigkeit, der Umweltgifte, Emissionen und Immissionen, die unsere Eltern erlebten und auch sehr „gläubig" und unkritisch mitmachten, wurden also wir gezeugt und geboren!

An verschiedenen Fakten können wir erkennen, dass die Erkenntnisse über die Schädlichkeit vieler dieser chemisch-pharmazeutischen Interventionen erst sehr viel später aufkamen. Das sollte uns erschrecken, denn es bedeutet, dass viele dieser Substanzen bis dahin unreflektiert und vertrauensvoll benutzt wurden. Und das nicht nur von ein paar wenigen Menschen oder Firmen, sondern leider von der Masse der Menschen und Unternehmen. Für die Gegenwart und die Zukunft sollte uns das zumindest skeptisch machen, was neue, heute angepriesene Wundermittel und Verfahren betrifft. Es ist nicht zu leugnen, und kein ernstzunehmender Wissenschaftler wird es wagen, das zu leugnen, dass die langfristigen, systemischen Auswirkungen neuer Substanzen nicht abzuschätzen ist. Beispielsweise stieg seit den 40ger Jahren des letzten Jahrhunderts der Verbrauch von Pestiziden sprunghaft an und hielt sich Jahrzehnte auf hohem Niveau, stieg sogar immer weiter dramatisch an. Jedoch erst 1962 – also erst über 20 Jahre später! - alarmierte Rachel Carlson mit dem Buch *Der stumme Frühling* die Öffentlichkeit über die langfristig schädlichen Konsequenzen dieses Abusus. Noch erschreckender ist es in diesem Zusammenhang, wenn man weiß, dass überhaupt erst seit den 1990ger Jahren die gefährliche hormonähnliche Wirkung von Umweltschadstoffen bekannt ist! Genauso wissen wir erst seit kurzem, dass auch Plastikinhaltstoffe östrogen wirken können.

Das sind jedoch nur einige wenige Fakten und Beispiele. Es gibt darüber hinaus noch tausende von Substanzen, bei denen solche Erkenntnisse erst Jahre nach ihrem massenhaften Einsatz gewonnen wurden. Unsere Gene waren durch all diese, sich gegenseitig leider noch massiv verstärkenden Toxine bereits geschwächt und die Lebensumstände, in die wir hineingeboren wurden, waren von zunehmendem Stress gekennzeichnet: zum Beispiel durch Umweltstress, Arbeitsstress, Schulstress, Beziehungsstress, Scheidungen ... Wir sind heute multiplen Belastungen ausgesetzt, die *gleichzeitig* massiv auf uns wirken. Wie diese Faktoren zu Belastungen werden, das werde ich im Laufe des Buches erklären. Was in unseren Körpern in Summe eingelagert ist an Giftstoffen und Chemie, dazu die Fehlernährung, die wir fast Zeitlebens bekamen, wirkt sich nun vollständig auf unsere Krankheiten und Lebenserwartung aus.

Wenn wir nicht auf breiter Basis und in vielen Bereichen gegensteuern, werden gerade wir in unserer geburtenstarken Generation in einem Alter von 55 bis 65 Jahren sterben. Gerade in unserer Generation tauchen immer mehr Krebsfälle „früh“, im Alter zwischen 30 und 40 Jahren auf. Denn Krebs ist eine „logische“ Krankheit, die zwingend aus unseren Lebensumständen resultiert. Laut Krebsforschungszentrum Heidelberg erkrankten in Deutschland allein 1997 über 340.000 Menschen erstmals an Krebs. Vor dem ersten Weltkrieg war Krebs dagegen noch so selten, dass fast jeder Fall dokumentiert wurde.

Das heißt, und nun wird das volle Ausmaß meiner Prognose sichtbar und für uns persönlich relevant, dass ich davon überzeugt bin, dass ein heute 40-jähriger Mensch, wie ich selbst zum Beispiel , nur noch 10 bis maximal 25 Jahre zu leben haben wird, und eben nicht noch einmal weitere 40 Jahre oder länger, wie unsere heutigen Experten meinen. Meiner Ansicht nach werde ich also, sofern ich nicht gegensteuere, nicht 80 Jahre alt, sondern nur zwischen 50 und 65 Jahren. Diese Sicht sprengt nun definitiv alles, was unsere Experten zu diesem Thema heute zu sagen haben.

Die vierte These geht nun davon aus, dass die noch später Geborenen, also zum Beispiel die Kinder, Nichten und Neffen der geburtenstarken Jahrgänge, aus oben genannten Gründen noch stärker genetisch und faktisch täglich geschädigt werden und die Lebenserwartung hier nochmals absinken wird um fünf bis zehn Jahre. Und so kommen wir zu meiner Prognose der durchschnittlichen Lebenserwartung von 50 bis 60 Jahren im Jahre 2030.

Diejenigen, die heute geboren werden, also unsere Babys, sind behaftet mit bereits geschwächtem Genom, das wir Eltern sozusagen „heruntergewirtschaftet“ haben, und werden in eine Welt voller Chemikalien und Stress hineingeboren. Und so soll eine Lebenserwartung von über 80 Jahren geschehen? Für mich ist das Utopia. Ich sehe für unsere Babys nur 45 bis 55 Lebensjahre, die auf sie warten. Es sei denn, sie haben Eltern, die genau wissen, was Gesundheit ist und die es erreichen, ihren Kindern dieses Wissen nahe zu bringen. Der Grund, warum diese Kinder zwar nicht gesund sind, aber nicht sterben, und warum das später anders sein wird, liegt in den Abstufungen von Gesundheit und dem Status quo unserer Population, die Sie im nächsten Kapitel unter „Wo wir heute gesundheitlich stehen“ nachschauen können.

Sie sehen, meine Thesen gehen aus vom unterschiedlichen Gesundheitsniveau der Generationen und erklären sich daraus. Das ist eigentlich nur logisch, denn die Startbedingungen jeder dieser Generationen waren völlig verschieden und daher ist es nicht haltbar, vielleicht noch nicht einmal zulässig, diese beim Thema Lebenserwartung einfach alle in einen Topf zu werfen und einen statistischen Durchschnitt zu bilden. Dieser *kann* nur falsch sein. Vor allem dann, wenn man ihn zum Maßstab erhebt für Zukunftsberechnungen und Extrapolationen.

Wichtig sind auch die Ableitungen aus den Thesen, die uns allein schon durch die obige ***„Generationenerklärung“***

logischer erscheinen. Wenn unsere Einschätzung richtig ist, werden sie folgende Elemente oder Tatsachen nach sich ziehen:

Die Alten werden immer früher sterben. Erinnern Sie sich noch an die Prognose des Altersindex durch die UNO, die behauptet, dass er sich verdreifachen wird bis 2050? Also die Alten immer älter werden? Unsere Prognose bedingt jedoch das direkte Gegenteil.

Die Kinder fehlen heute schon bei Reproduktionsraten von zirka 1,4 Kindern pro Frau in Deutschland. In den meisten Industrieländern gleichen sich die Reproduktionsraten. Das wird wohl weiterhin so bleiben bzw. sich weiter verschlechtern. Nicht etwa wegen weiter steigendem Lebensstandard, sondern wegen zunehmender Unfruchtbarkeit von Männern und Frauen.

Die Fruchtbarkeit wird also weiter sinken und die Fehlgeburtenrate wird deutlich ansteigen. Die auf die Welt kommenden Babys werden kränker und schwächer sein, gravierende Krankheiten bis hin zu Krebs sehr früh entwickeln und daher auch eine deutlich niedrigere Lebenserwartung aufweisen.

Die Klein- und Schulkinder und Teenager erkranken schon heute immer früher an immer schwereren Krankheiten. Dieser Trend wird anhalten und sich deutlich verschärfen.

Die Krankheits-Sterberate von Kindern jeden Alters wird steigen. Die Bevölkerung wird weitaus schneller schrumpfen als angenommen. Die Bevölkerungstanne bricht sowohl „oben“ ab, das heißt bei den Alten, als auch „unten“ und in der Mitte.

Die Menschen werden auf jeden Fall kränker sein und früher in ihrem Leben krank werden (worüber sich übrigens auch die Zukunftsforscher heute schon einig sind), selbst wenn die Lebenserwartung auf dem heutigem Stand bliebe, was aber unwahrscheinlich ist.

Wir werden wahrhafte Epidemien an alten und neuen Infektionskrankheiten erleben. Unser Immunsystem wird immer schwächer und anfälliger.

Krebs wird weiter drastisch, das heißt, exponentiell, zunehmen, Allergien ebenfalls.

In der Summe werden die Menschen immer kränker, immer früher krank, immer unterstützungs- und pflegebedürftiger und sterben auch noch früher.

Ich kann mir vorstellen, dass Sie jetzt kaum noch Lust haben, weiter zu lesen. Mir geht es ja manchmal selbst so, dass ich das gar nicht mehr wissen will, dass ich am Liebsten Vogel-Strauss-Politik betreiben möchte und nicht mehr nachdenken und recherchieren möchte. Aber genau in diesem Moment fällt mir dann immer ein alter Satz ein: „Die Wahrheit wird euch frei machen“. Und Wahrheit setzt eben Hinschauen voraus. Also halten Sie bitte durch, lassen Sie nicht Ihren Unmut oder Ihre Frustration über diese Thesen siegen. Sie *werden* einen Gewinn davon haben.

Werfen wir nun einen ausführlichen Blick auf die Erklärungen zu dem großen Warum, womit wir uns für den Rest des Buches beschäftigen werden.

2. Die „gelben“ Argumente: Tatbestände, die unser langes Leben bedrohen

Und wir sind immer noch auf unserer unsinkbaren *Titanic*. Wir haben zwei lustvolle, luxusgetränkte Tage auf dem Meer hinter uns. Unbemerkt für uns Gäste wurden jedoch im Hintergrund folgenschwere Entscheidungen getroffen. Und jetzt ist unser Schiff auf den Eisberg aufgelaufen. Wir haben zwar ein leichtes Ruckeln gespürt, aber wir machen uns keine Sorgen. Denn der *Titanic* kann nichts passieren. Dass unter der Wasseroberfläche ein riesiger, meterlanger Riss über mehrere Kammern hinweg läuft, der uns bereits in diesem Augenblick zum Sinken längst verdammt hat, wissen wir nicht. Und so kommt es, dass wir auf Deck mit den Eisbrocken Fußball spielen, die durch den Zusammenprall mit dem Eisberg auf das Schiff geschleudert wurden.

Die gelben Argumente sind solche Eisbrocken und das Ruckeln wurde ausgelöst durch den Zusammenprall mit unserer Zukunft. Denn unsere Zukunft wird ganz anders werden, als wir uns das gedacht hatten…

Erinnern wir uns bei diesem Kapitel: Bei der Prognose über Lebenserwartung generell handelt es sich um verschiedene Argumente, die sich auf einer Art Ampel befinden. Darunter gibt es einige grüne, die wir gerade besprochen haben. Die grünen Argumente entspringen samt und sonders der Vergangenheit und wir dürfen berechtigte Zweifel daran hegen, ob diese so für die Zukunft noch stimmen werden. Kommen wir jetzt zu den gelben Argumenten, die uns, nehmen wir sie ernst, anraten, innezuhalten und unser Denken und Handeln zu überprüfen. Diese Daten und Fakten durch die unsere Gegenwart dargestellt wird, beschreiben, was um uns gerade vorgeht. Und das sieht nicht besonders positiv aus. Zu den roten kommen wir zuletzt. Die einzige Frage ist dann, welche „Farbe“ sich am stärksten durchsetzen und unsere Zukunft bestimmen wird.

Ich glaube, es wird rot sein, Das ist meine These. In den Wissenschaften gibt es eigentlich *nur* Thesen bzw. Hypothesen und darauf aufbauende Theorien. Die Lehre von der steigenden Lebenserwartung *ist* nur eine These. Und meine Vorhersage der sinkenden Lebenserwartung ist auch nur eine These. Wie können wir erkennen, welche eher stimmt? Schauen wir uns daher einfach ein paar aktuelle Fakten an, diese helfen uns vielleicht weiter.

Die Krankheiten nehmen zu

Riesenflutwellen bilden sich unbemerkt in den Ozeanen. Meist entstehen sie durch Erdbeben auf dem Meeresboden. Dieses Geschehen wird auf dem Festland nicht bemerkt. Und doch wird der Tsunami auf das Land zurollen und weite Teile davon zerstören, tausende von Menschen töten und unter sich begraben. Dieses Naturphänomen beweist uns sichtbar und plastisch, dass wir nicht alles, was uns treffen wird, in seinem Entstehen bemerken. Denn Tsunamis gibt es nicht nur draußen in der wilden, unberechenbaren Natur. Nein, es gibt sie auch mitten in unserer Gesellschaft, in unserem Denken und sogar in unserem eigenen Körper, von dem wir meinen, ihn zu kennen. Vielleicht können wir lernen, und das zu lernen wäre das Wichtigste überhaupt, einen schärferen Blick für solche Entstehungssituationen, für solche unbemerkten „Erdbeben“, zu bekommen. Also schauen wir uns ein paar Uhren an, die aktuell zunehmend schneller gehen und dadurch darauf hinweisen, dass unsere Reaktionszeit ausläuft.

Es gibt zum Beispiel nur eine Gesundheit, aber über 30.000 Krankheiten. Und täglich werden es mehr. Denn Krankheiten werden gemacht. Sie werden erzeugt durch neue Bezeichnungen und neue Symptomkombinationen. Die unterschiedlichen Grade und lokalen Auswirkungen der Degeneration unserer Gesundheit führen zu immer neuen Symptomen, die wir dann als Krankheiten bezeichnen.

Wenn wir einmal logisch nachdenken, kann dies auch gar nicht anders sein. Wir kombinieren die künstlichen Stoffe und Gifte in den unterschiedlichsten Varianten in unserem Körper, oft auch unfreiwillig. Dass es bei solchen neuen „chemischen Kombinationen“, die wir in unserem Organismus somit herbei zwingen, zu zahlreichen „chemischen Reaktionen“ in Form von Symptomen kommen *muss*, die neu und nicht zuordenbar sind, ist nur folgerichtig und nicht weiter verwunderlich.

Das klingt etwas komplex und nüchtern. Machen wir das an einem Beispiel deutlich: Was kommt wohl auf ein neugeborenes Baby an Toxinen noch im weiteren Leben, wenn schon bekannt ist, dass Baby-Sauger und Baby-Schnuller Chemikalien abgeben, die sich in Nitrosamine umwandeln können, und dass Kunststoff-Babyflaschen bei jedem Erwärmen den schädlichen Stoff Bisphenol A abspalten, der bereits in geringsten Mengen das Erbgut verändern kann? Bisphenol A wird übrigens auch bei der Auskleidung von Konservendosen verwendet.

Kleine Mengen des organophosphorigen Insektizids Fenitrothion können zum Beispiel mit DDT reagieren und eine Schädigung der Leber nach sich ziehen, wodurch wiederum ein massiver Hirnschaden entstehen kann. Die Phenylkentonurie PKU kann von Geburt an eine schwere geistige Behinderung verursachen. Allein in den USA leiden 4 Millionen Menschen an PKU, einer Stoffwechselkrankheit, bei der die normale und wichtige Aminosäure Phenylalanin nicht abgebaut werden kann. Phenylalanin ist ein Hauptbestandteil des Süßstoffes Aspartam, der in vielen Erfrischungsgetränken verwendet wird, die gerade auch von Kindern – als Mutter bedaure ich das sehr! – dem normalen Wasser vorgezogen werden.[14]

In dieses wehrlose Baby und spätere Kind werden des Weiteren hinein gepresst: Impfungen, die formaldehydnahe Stoffe (nachgewiesen kanzerogen), Quecksilber- und Aluminiumderivate, die ihrerseits wieder mit der Entstehung von Alzheimer in Verbindung stehen sollen, sowie Fremdeiweiße enthalten (die zu anaphylaktischen Schocks führen können). Antibiotika werden immer noch bereits bei der leichtesten Erkältung oder Mittelohrentzündung verabreicht. Paracetamol wird bei leichtestem Fieber bereits gegeben. Zudem die künstlichen Farbstoffe, Aromen und E-Stoffe, Phosphorsäuren, Sulfite, Süßstoffe, Konservierungsstoffe, Pestizide, Herbizide, Hormone aus den Nahrungsmitteln, und so weiter.

Glauben wir angesichts all dessen wirklich, dass diese heutigen *Chemiecocktail-Kinder* über 90 Jahre alt werden und neue Lebenserwartungsrekorde aufstellen? Glauben wir wirklich, wir könnten unserer „Artgerechtigkeit" ein Schnippchen schlagen und an ihr vorbei, mehr noch, sie übertölpelnd, 150 Jahre alt werden?

Ich glaube das nicht. Ich glaube eher, dass uns hier der artgerechte Bumerang treffen wird: Die Natur wird uns chemisch-degenerierte Lebewesen der früheren Verwesung preisgeben, damit sich endlich wieder irgendwann artgerechte Organismen entwickeln können. Diese neuen Krankheitsbilder, vor denen die medizinische Wissenschaft heute buchstäblich überrollt und mit ihrer ganzen Hilflosigkeit und systemischen Inkompetenz manifest wird, werden dann mit undurchschaubaren Namen wie MCS Multi-Chemical-Syndrom oder CFS Chronical-Fatigue-Syndrom bezeichnet. Namen die hochtrabend klingen, aber eigentlich nur beweisen, vor allem durch das Wort ‚Syndrom', wie verwirrend und uneinsichtig diese Krankheiten in Ursache, Wirkung und Therapie sind. Diese komplexen Krankheiten werden daher auch gerne an die alternative Riege abgetreten, die sich daran die Zähne ausbeißen soll, die aber wegen ihrer ganzheitlicheren Interventionen sogar oft Linderung oder Heilung schaffen kann, sofern sich die Menschen dazu durchringen können, ihr Vertrauen vom medizinischen Halbgötterkult abzuziehen und der unspektakuläreren, artgerechteren alternativen Methodik zu geben.

Diese „Syndromisation" (so nenne ich es), ist der neue Trend in der Medizin. Syndrom bezeichnet eine Krankheitssituation, die nicht nur von einem Hauptsymptom begleitet wird, sondern die aus sehr vielen verschiedenen Anzeichen besteht. Wir haben zum Beispiel nicht mehr nur einfache Kopfschmerzen. Nein, wir leiden an Kopfschmerzen mit Tendenz zur Migräne, Hautausschlag, Abszessen und Furunkeln, Depression, extremer Müdigkeit, Appetitlosigkeit und einer Darmentzündung gleichzeitig. Denn der toxische Cocktail wirkt. Jedes artfremde Stöfflein und jedes Giftchen sucht sich in uns sein kurz-, mittel- oder langfristiges Wirkungsfeld. Und manche Wirkungen rufen sie auch in Kooperation hervor. Wo genau sie jedoch wirken, das weiß man vorher nicht. Denn all diese Stoffe und Gifte unterliegen einzeln weder echten Langzeitstudien, die außerdem noch über einige Generationen hinweg gemacht werden müssten, um die definitive Unschädlichkeit zu demonstrieren, denn das wäre viel zu teuer für die Pharma- und Chemieindustrie. Noch werden sie in ihren möglichen Kombinationen, die sich beim Verbraucher ergeben könnten, getestet. Beispielsweise weiß man, wie oben erwähnt, dass kleinste Mengen des Insektizids Fenitrothion mit DDT reagieren können und damit eine Schädigung der Leber und des Gehirns erfolgen kann. Genauso bewirkt die Unterversorgung mit bestimmten Vitaminen und Mineralstoffen, dass Giftstoffe und Schwermetalle verstärkt vom Körper aufgenommen werden.[15] Solche Interdependenzen und Reaktionsmöglichkeiten gibt es leider in unserem Körper mittlerweile millionenfach.

All diese biochemischen Kombinationsmöglichkeiten bringen uns unter anderem die Krebs-Epidemie, oder nennen wir es ruhig den Krebs-Tsnunami. Krebs ist eine alte Krankheit, die schon in der Antike bekannt war. Allerdings kam sie selten vor. Noch vor dem ersten Weltkrieg lagen die Fälle offenbar so selten, dass jeder Patient mit dieser Krankheit akribisch dokumentiert wurde. Es ist anzunehmen, dass es etwas mehr Fälle gab, als diejenigen, die dokumentiert wurden. Aber als sicher gilt, dass Krebs keine Massenkrankheit war. Im Jahre 2003 hingegen erkrankten laut Weltgesundheitsorganisation weltweit zirka 10 Millionen Menschen an Krebs, davon seien 7,2 Millionen an Krebs auch gestorben. In Deutschland allein haben wir 340.000 Krebs-*Neu*erkrankungen pro Jahr, wovon bereits im Jahr 1995 über 218.000 Menschen daran starben, wie vom Statistische Bundesamt berichtet.[16] Das entsprach rund 25 Prozent aller Sterbefälle. Im Jahr 2002 hatten wir hier einen erneuten starken Zuwachs, die Zahl der Neuerkrankungen belief sich auf 355.000 noch 1980 waren es nur 150.000 Neuerkrankungen.

Das heißt, wir hatten in den letzten 20 Jahren eine Zunahme der Neuerkrankungen an Krebs um 140 Prozent! Finanziell gesehen träumen wir von solchen Renditen. Gesundheitlich könnten wir darauf verzichten. Zirka 1,2 Millionen der Einwohner Deutschlands sind aktuell krebskrank und wissen davon. Die Dunkelziffer ist hierbei jedoch groß. Krebsinzidenzen auf nationaler Ebene können leider nur geschätzt werden, denn in Deutschland gibt es auch heutzutage noch keine vollständige und flächendeckende Krebsregistrierung.[17] Wir können davon ausgehen, dass wir erschrecken würden, sollten uns einmal reale

Zahlen vorliegen. Als Krebs werden internationalen Gepflogenheiten zufolge alle bösartigen Neuerkrankungen verstanden, einschließlich der primär systemischen Lymphome und Leukämien. Hautkrebs wird nicht berücksichtigt, mit Ausnahme des malignen Melanoms der Haut. Sogar vom Robert-Koch-Institut RKI wird zugegeben, dass bis 40 Prozent der Krebsfälle auf falsche Ernährung und Überernährung zurückgehen. Weitere Risikofaktoren seien Expositionen am Arbeitsplatz und Einflüsse aus der Umwelt.[18]

Festzuhalten bleibt die unbestreitbare Tatsache, dass das Spektrum der Todesursachen sich zwischen 1980 und 1995 verändert hat. Dramatisch an Bedeutung gewonnen haben in diesem Zeitraum, nach Angaben des Statistischen Bundesamtes StBA in Wiesbaden: bösartige Neubildungen, psychiatrische Krankheiten und Krankheiten des Nervensystems und der Sinnesorgane.[19]

In diesem Zusammenhang gibt es ein interessantes Phänomen. Wird auf der einen Seite bei der Prognose der Lebenserwartung überaus positiv gerechnet, so werden und wurden auf der anderen Seite in Bezug auf die Zunahme der Krankheiten erschreckend schüchterne Prognosen aufgestellt. Bereits 1975 erzählten die Experten auf dem 24. Deutschen Krebskongress in Berlin, dass die damals bereits hohen Zahlen in den kommenden Jahren noch um rund 50 Prozent zunehmen würden. Wobei das überaus niedrig gerechnet war. Rechnen wir nämlich allein die letzten 20 Jahre hoch, kommen wir auf eine Steigerungsrate von knapp 300 Prozent. Also sechs Mal mehr, als die Experten angenommen hatten. Rechnen wir exponentiell weiter, was im Falle von Krebs wahrscheinlich ist, erreichen wir 1800 Prozent oder mehr für die nächsten 20 Jahre, sofern wir wieder mit dem Sechsfachen rechnen.

Ein Sinken der Krebsrate wäre uns zu wünschen, ist in unserer toxischen, künstlichen, artfremden Umwelt aber kaum wahrscheinlich. Ebenfalls sind die Behandlungsansätze kaum Erfolg versprechend. „Im Jahre 2010 wird Krebs und seine fehlerhafte Behandlung die Todesursache Nr. 1 in Deutschland sein – und wir sind nicht vorbereitet!“

Diese Schreckensperspektive stammt ausnahmsweise nicht von mir, sondern vom Präsidenten der Deutschen Krebsgesellschaft Professor Dr. Lothar Weißbach höchstpersönlich und wurde als aufrüttelnde Botschaft an viele seiner entsetzten und überraschten Krebskollegen auf dem Deutschen Krebskongress im März 2000 verkündet. Was ich dieser, aus meiner Sicht realistischen Prognose, hinzufüge ist die Aussage, dass uns der Krebstod dann einige Lebensjahre früher treffen wird! Und für diejenigen Utopisten, die noch glauben, wir würden diese Krankheit in einigen Jahren gentechnisch im Griff haben, einen schönen Gruß von besagtem Krebsexperten: „Die Gentherapie ist zurzeit nicht mehr als eine Hoffnung für den Patienten.“ Und zwar eine sehr vage.

Auch im Falle von Diabetes haben wir es mit einem Tsunami zu tun, dem Diabetes-Tsunami. Bei dieser Krankheit spricht man schon heute von einer Epidemie. Seit dem Ende des Zweiten Weltkrieges ist die Häufigkeit von Diabetes um das fast Zwanzigfache angestiegen. Ebenfalls weltweit steigt die Erkrankungshäufigkeit des Diabetes mellitus, deren Vorkommen Hand in Hand mit der Industrialisierung geht. Diabetes ist eine typische Zivilisations- bzw. Wohlstandskrankheit. Allein in Deutschland sind zirka fünf Prozent der Bevölkerung davon befallen, was zirka vier Millionen Menschen entspricht. Zwar gibt es ausreichende Behandlungsmöglichkeiten, aber die Spätfolgen sind gravierend, die Behandlungskosten entsprechend hoch und die Lebenserwartung der Diabetiker heute schon geringer als die von anderen Menschen. Zu den Spätfolgen zählen Herzinfarkt, Schlaganfall, Diabetiker-Fuß, Netzhautveränderungen,

Nierenkrankheiten, Nervenschädigungen jeder Art, und vieles mehr. Leider ist in diesem Zusammenhang auch zu beklagen, dass viele Ärzte Diabeteskranke nur verwalten, anstatt sie durch geeignete Therapien von ihrer Krankheit teilweise oder gänzlich wieder zu befreien.

Allein die Krankheitskosten für Diabetes werden die Gesundheitsbudgets sprengen, vor allem da eine Vererbbarkeit besteht, was eine weitere Degeneration der nachfolgenden Generationen begründet. Auch muss es uns höchst bedenklich stimmen, dass vor allem der Typ 1, das ist die so genannte juvenile (jugendliche) Diabetes stark um sich greift. Bei diesem Typ handelt es sich um eine Art Autoimmunkrankheit mit zu Grunde liegender genetischer Disposition. Kranke Jugendliche werden meist zu noch kränkeren Erwachsenen und wahrscheinlich auch zu früher sterbenden Alten. Ganz zu schweigen wieder von deren Kindern …

Viele weitere Krankheiten zeigen eine Erhöhung von knapp über null Prozent vor 100 Jahren auf nahezu unendlich in heutiger Zeit. Darunter fallen zum Beispiel Alzheimer, eine Krankheit, bei der wir ebenfalls regelrecht vor einer Epidemie stehen. Heutige Beobachtungen legen nahe, dass die Hirnschwund-Krankheit Alzheimer bereits epidemische Ausmaße erreicht hat und weiter zunimmt. Im Jahre 2000 wurden allein in Deutschland ca. 1,39 Millionen Fälle gezählt, bis 2005 werden es zirka 1,55 Millionen Fälle sein. Die volkswirtschaftlichen Kosten dieser Krankheit liegen heute schon bei ca. 70 Milliarden Mark, in zehn Jahren werden diese die Grenze von 100 Milliarden überschreiten.

Genauso verhält es sich, wie in vielen Medien zu lesen ist, mit Osteoporose, Morbus-Krohn, Multiple Sklerose, und vielen ernsthaften weiteren Krankheiten. Über 20 Prozent der Bevölkerung sind zum Beispiel von Mykosen (Pilzen) befallen, wobei es sich allein hierbei bereits um eine seuchenhafte

Ausbreitung handelt. Auch Allergien sind zur Volkskrankheit mit zunehmender Ausbreitung geworden. Bereits vor vielen Jahren erklärte der damalige Präsident der Deutschen Dermatologischen Gesellschaft, Professor Stuttgen, dass unsere Industriegesellschaft mit ihren Umweltveränderungen ein Einschreiten erfordere, wenn die Aggressivität ein Ausmaß annimmt, das mit der Erhaltung des Lebens nicht mehr vereinbar sei. Nun, das wäre jetzt an der Zeit. Laut DAK hat sich nämlich die Zahl der Asthmakranken in den letzen zehn Jahren *verdoppelt*! Mittlerweile leiden zirka fünf Millionen Menschen in der Bundesrepublik an Asthma. Davon sterben 6000 Menschen jährlich an dieser Krankheit.[22]

Schon heute sterben wie gesagt jährlich über 210.000 Menschen in Deutschland an Krebs. Die Zahl der Herztoten liegt auch hier zirka drei Mal höher. 30 Prozent der über 70jährigen leiden an mindestens fünf verschiedenen ärztlich diagnostizierten Krankheitsbildern. Der Bremer Ärztekritiker und international renommierte Korruptionsgegner Professor Peter Schönhofer gibt an, dass es in deutschen Krankenhäusern in 200.000 Fällen jährlich zu schweren unerwünschten Arzneimittelwirkungen kommt, in 16.000 weiteren Fällen ergibt sich daraus der Tod des Patienten. Dieses Thema der so genannten iatrogenen Krankheiten wird später noch einmal gesondert beleuchtet.

Des Weiteren muss man sich in Bezug auf die Krankheits-Tsunamis vor Augen halten, dass nach Gesundheitsforscher Klaus Priester allein in Deutschland über neun Millionen Menschen an ihrem Arbeitsplatz täglich betroffen sind von extremer Lärmeinwirkung, ebenfalls über neun Millionen Kälte, Nässe, Hitze oder Zugluft erdulden, fast 14 Millionen mit Öl, Fett, Schmutz oder Rauch, Staub, Gasen und Dämpfen umgehen müssen, und immerhin über fünf Millionen mit wirklich lebensgefährlichen Stoffen Umgang haben. In dem Bericht *Ökobilanz eines Autolebens* kommt das Heidelberger Umwelt-

und Prognose-Institut bereits 1993 zu dem Ergebnis, dass schadstofftechnisch durch je 100 Autos ein behinderter Mensch generiert wird.[23]

In den 1990ger Jahren stieg die Zahl der Diabetiker in den USA um ein Drittel. Jeder sechste Amerikaner wird zuckerkrank, heute sind das bereits 10,3 Millionen US-Amerikaner. Jedes zweite amerikanische Kind zeigt bereits Anzeichen von Asthma, jede dritte Einlieferung in eine Notfallklinik ist auf einen akuten Asthmaanfall zurückzuführen.[24]

Die obigen Zahlen zeigen zusammengefasst nur eines: Wir driften in allen Lebensbereichen immer mehr von dem ab, woran wir biologisch angepasst sind. Da man davon ausgehen kann, dass diese Erhöhungen und Degenerationen sich angesichts der vielen schädlichen Tendenzen, denen wir ausgesetzt sind, weiter fortsetzen werden (Bio- und Gentechnik, unsaubere Luft, immer mehr verarbeitete Lebensmittel, frühkindliche und sogar embryonale Medikation etc.), kann man prophetisch sagen: Die Menschen werden vielleicht momentan noch immer älter, aber sie werden ihr Leben nur in halber Energie führen können, wenn überhaupt. Häufig kranke, schwer kranke und dahinsiechende Menschen werden zukünftig noch weitaus mehr als bisher den Alltag in den industrialisierten Ländern prägen. Zunehmend mehr Menschen werden auch von psychischen Krankheiten, wie Depressionen, heimgesucht, oder weisen komplexe Symptome auf, wie z. B. das CFS (Chronical Fatigue Syndrom, chronisches Müdigkeitssyndrom).

Als positiv ist zu werten, dass man sich unter den Demographen wenigstens anfängt, zu wundern: „Die auf den ersten Blick verwirrenden, sich widersprechenden Entwicklungen einer weltweit steigenden Lebenserwartung der Männer und Frauen, bei … zunehmender Häufigkeit im Auftreten von infektiösen und parasitären Krankheiten, einschließlich HIV/AIDS, sowie der nicht übertragbaren, degenerativen Erkrankungen (bösartige

Neubildungen, Krankheiten des Kreislaufsystems) sind Anlass für diese Untersuchung."[25]

Ich habe bisher nur einen minimalen Auszug aus den aktuellen Zahlen präsentiert. Aber schon diese wenigen Daten und Fakten lassen uns einen Schauer über den Rücken laufen. Wir fragen uns unweigerlich, was sich wohl in unserem eigenen Körper gerade abspielt, welche Krankheiten sich anbahnen. Schon diese wenigen Zahlen machen uns Angst vor der Zukunft und lassen erahnen, dass es noch weitaus schlimmer als befürchtet werden könnte.

Es ist damit zu rechen, dass wir immer früher immer kränker werden, und das mit massiven, lebensbedrohlichen Krankheiten, die genetische Defekte hinterlassen und vererbt werden können, und trotzdem sollen wir daran glauben, dass unsere Lebenserwartung immer weiter fröhlich steigen wird? Phantasyland lässt grüßen!

Die kranken Kinder

Die Kinder von heute sind die Alten, Kranken, Pflegebedürftigen und Sterbenden von morgen. Das Berliner Robert-Koch-Institut unterhält zurzeit eine dreijährige Studie, die vermutlich im Laufe des Jahres 2005 angeschlossen sein wird, in der als erstes europäisches Pilotprojekt Fakten zur Kinder- und Jugendlichengesundheit gesammelt werden. Diese Studie, in der 20.000 Kinder und Jugendliche untersucht werden, kostet neun Millionen Euro und wird mit Sicherheit erschütternde Ergebnisse zu Tage fördern.

Wie schlimm es heute schon um die Gesundheit von Kindern bestellt ist, und damit um die der zukünftigen Träger der Gesellschaft, können die folgenden Zahlen bereits deutlich zeigen. Wenn wir die heutige Gesundheit unserer Kinder betrachten, also der Kinder meiner Generation, so befinden wir uns mitten in der Erklärung für meine dritte Unterthese. Die dritte These besagt, zur Erinnerung, dass die Lebenserwartung, nach anfänglichem moderatem Absinken, nicht nur weiter sinken wird, sondern buchstäblich einbrechen wird. Wir werden keine Abwärts-*Entwicklung* erleben, sondern mehrere Ab-*Stürze* der Lebenserwartung.

Diese heutigen kranken Kinder wären für eine steigende Lebenserwartung nämlich die Hoffnungsträger schlechthin! Was aber, wenn wir uns davon überzeugen, dass es fast unmöglich für diese neue Generation mit ihrer bereits hochgradig degenerierten Gesundheit ist, ein hohes Alter zu erreichen? An diesem Argument scheiden sich spätestens die Geister. Diese neue Generation ist der letzte Scheideweg zwischen einer vielleicht doch noch möglichen steigenden Lebenserwartung und der von mir prognostizierten abstürzenden Lebenserwartung. Wenn wir anhand der heutigen Zahlen zu dem Schluss kommen müssen, dass Kinder nie zuvor so krank und lebensunfähig waren wie heute, haben wir bereits entschieden, welcher Prognose wir nun glauben müssen und welchen Weg wir nach dieser Gabelung gehen werden. Schauen wir uns also unsere Hoffnungsträger „Kinder“ an.

Aktuell haben 20 Prozent aller Kinder Übergewicht. Das klingt harmlos, ist es aber nicht. Übergewicht ist bei Kindern, und mehr noch bei Erwachsenen, ein enormer Risikofaktor für die Entstehung von Krebs. Der Ernährungsbericht von 1984 stellt noch fest, dass nur 12 Prozent aller Kinder und Jungendlichen erheblich ihr Referenzgewicht überschritten. Jedes Jahr wächst der Anteil übergewichtiger, adipöser Kinder um 0,8 Prozentpunkte. Die Häufigkeit von Adipositas hat sich in den vergangenen Jahren mehr als verdoppelt.[26] Dieser Trend dürfte sich aufgrund der heutigen Ernährungslage noch deutlich verschärfen. Über die Hälfte dieser Jugendlichen sind auch als Erwachsene dickleibig, was einen erheblichen gesundheitlichen Risikofaktor darstellt, der wiederum zu ernsten und auch chronischen Krankheiten führen kann wie Bluthochdruck, Diabetes, Herz-Kreislaufproblemen, Fettstoffwechselstörungen, Gefäßkrankheiten und Skelettproblemen.

Darüber hinaus leiden über 15 Prozent der Schüler laut einer im Deutschen Ärzteblatt veröffentlichten Studie an psychiatrischen Gesundheitsstörungen, die oft Hand in Hand gehen mit einem immens hohen Maß an Gewaltbereitschaft. In den USA wird heute offiziell anerkannt, dass ein Sechstel aller Kinder, in Kalifornien bereits ein Fünftel der Kinder, im Körper eine übermäßig hohe Bleikonzentration aufweist, welche die Gesundheit beeinträchtigt und die Lernfähigkeit einschränkt.[27] In den nächsten Jahren wird allein für die USA erwartet, dass rund 10 Millionen Kinder bereits mit einer Bleivergiftung auf die Welt kommen. Aber auch das war lange vorher absehbar. Jedoch wurden keine Gegenmaßnahmen ergriffen, weil wir

Tsunamis, wie gesagt, in ihrer Entstehungsphase nicht bemerken.

Am Anfang eines Krankheits-Tsunami stehen nämlich immer niedrige Zahlen und noch unbedenkliche statistische Werte, die die Bedrohung nicht erkennen lassen. Man kann eben nur die Vergangenheit messen. Schon 1993 wurde festgestellt, dass allein in Paris zirka 10 Prozent der Kinder aus den ärmeren Kreisen unter Bleivergiftung leiden und Tausende durch unumkehrbare neurologische Schädigungen bedroht waren. Fünf Prozent der US-amerikanischen Babys sind heutzutage sogar einer so hohen Kontamination durch polychlorierte Biphenyle PCB über die Muttermilch ausgesetzt, dass daraus in vielen Fällen eine Beeinträchtigung der neurologischen Entwicklung dieser Kinder resultieren wird.

Außerdem wurden bereits 1991 über 375.000 Babys im Mutterleib durch eine oder mehrere unerlaubte Drogen vergiftet. Die DAK gibt an, dass bereits bei jedem fünften Kind Verdacht auf Migräne und chronischen Kopfschmerz besteht. Das Robert-Koch-Institut beschreibt, dass gerade bei Kinderkrebs die Exposition der Eltern mit schädigenden Noxen, Pharmaka, ionisierender Strahlung, Benzolverbindungen und Pestiziden eine erhebliche Rolle spielen dürfte.

Vor 50 Jahren war Kinderkrebs noch eine Seltenheit. Heute ist Krebs nach den Verkehrsunfällen die häufigste Todesursache bei Kindern laut den Angaben des Statistischen Bundesamtes. Also ist Krebs bereits die Nr. 1 unter den krankheitsbedingten Todesursachen bei Kindern. 2000 Kinder erkranken jährlich an Krebs, die Tendenz ist stark steigend. Ein Drittel davon erkrankt an Leukämie. Nur 70 Prozent werden gesund bzw. halbgesund. Eine weitere wichtige Krebsart bei Kindern sind Tumoren des zentralen Nervensystems, Knochentumore und Lymphome.[32] Des Weiteren bezeugen die Zahlen der DAK, dass jedes zehnte Kind an Asthma leidet, also zehn Prozent unserer Kinder. Auch

Asthma hört sich relativ harmlos an, ist es aber nicht. Diese Kinder sind aktuell körperlich dadurch weniger belastbar und sind durch Infektionen häufiger krank. In manchen Londoner Schulen leiden bereits 20 Prozent der Kinder wegen der hohen Umweltverschmutzung der Luft an Asthma. Die Spätfolgen von Asthma können gravierend sein.

Ein spezieller Teil der Kindergesundheit ist das bereits heute desolate gesundheitliche Niveau der Babys und Embryonen. Bei dieser Gruppe handelt es sich um die wehrloseste in unserer gesamten Population. Sie ist völlig abhängig von den meist schlechten Expositionen ihrer Eltern. Diese Gruppe ist damit die empfindlichste und am meisten gefährdete. Die Föten und Embryonen im Mutterleib sind besonders anfällig für Schädigungen durch chemisch-pharmazeutische Giftstoffe und Strahlung jeder Art. Die Plazenta bildet zwar eine Schutzbarriere, doch kann sie von vielen, nicht artgerechten Giften durchdrungen werden, die dem zarten Zellgewebe des Fötus oft und immer öfter irreversiblen Schaden zufügen.

Nitrosamine zum Beispiel dringen durch die Plazenta zum Embryo durch. Nitrosamine werden als sehr gefährliche Krebserzeuger angesehen. Sie entstehen überall in der Umwelt, wo Nitrosäuren sich mit Aminen verbinden. Nitrosäuren wiederum bilden sich aus Nitraten (wie die in künstlichen Düngemitteln) und aus Stickstoffoxyd und Stickstoffdioxyd (zum Beispiel enthalten in Autoabgasen, Kraftwerksemissionen). Nitrosamine befinden sich oft ebenfalls in geräucherten Lebensmitteln wie Schinken oder Salami. Aber sie sind auch anzutreffen in anderen Lebensmitteln, Arzneien, Grundstoffen der Industrie, Pflanzenschutzmitteln und so weiter. Nitrosamine riefen in allen Tierversuchen zuverlässig Krebs hervor.

Der Schrecken der Zukunft wird die so genannte Teratogenität sein. Schon heute sind die Auswirkungen klar erkennbar. Als

Teratogenität wird die Eigenschaft von Stoffen bezeichnet, während der Entstehung eines Organismus Anomalien hervorzurufen. Nach US-amerikanischen Statistiken lagen bereits Anfang der 1990ger Jahre bei sieben Prozent aller Lebendgeborenen Defekte vor. Sieben Prozent - das hört sich nicht so an, als handelte es sich um eine wirklich bedrohliche Anzahl. Aber auch hier haben wir es mit der Entstehung eines Krankheits-Tsunami zu tun. Manche teratogen bedingten Wirkungen treten nicht sofort bei der Geburt, sondern verzögert im Laufe der ersten Lebensjahre in Erscheinung; addierte man diese zu unseren ‚nur' sieben Prozent hinzu, kam man bereits Anfang der neunziger Jahre auf 15 Prozent. Abtreibungen aufgrund von Missbildungen und Fehlgeburten wurden in diese Statistiken jedoch noch nicht einmal aufgenommen. Obwohl bis zum Zeitpunkt der Studie erst 3000 Chemikalien im Tierversuch auf ihre Teratogenität getestet wurden, ergab sich bereits hier der Schluss, dass 10 Prozent der Anomalien auf diese Chemikalien zurückzuführen seien. Der toxische Tsunami gewinnt, wie wir sehen, zunehmend an Zerstörungskraft und rollt unausweichlich auf unsere Küsten zu...

Nach Professor D. J. Tilgner kommen rund 500 Substanzen mit Krebs erzeugender Wirkung ständig in einer Konzentration von 0,0002 bis 0,05 ppm in unserer Nahrung vor und entfalten allmählich ihre summierende Wirkung. Blei ist ebenfalls eine Substanz, die nach der 12. Schwangerschaftswoche nicht von der Plazenta aufgehalten werden kann.[34] Genauso verhält es sich mit dem Nervengift Quecksilber, einer Substanz, die immer noch in allen Zahnfüllungen mit Amalgam enthalten ist; auch Quecksilber durchdringt die Plazenta und kann Föten schädigen. Bereits einzelne Substanzen, die wir alle kennen und bedenkenlos zu uns nehmen, können eine derart schädigende Wirkung entfalten, dass wir kaum noch andere schädliche Substanzen brauchten. Zum Beispiel können allein erhöhte

Phenylalaninwerte der Mütter, die zum Beispiel durch den Süßstoff Aspartam entstehen, bei deren Babys zu geistiger Behinderung führen.[35] Professor Robert Wurtman vom Massachusetts Institute of Technologie MIT schreibt sogar: „Die Menge von Aspartam in Erfrischungsgetränken verursacht Phenylalaninwerte im Gehirn, wie es sie in der Evolutionsgeschichte der Menschheit noch nie gegeben hat. Die wird ein faszinierendes Experiment der Gehirnchemie werden. Wollen wir dieses Experiment wirklich durchführen?“[36] Allein in den USA nehmen heutzutage 1,3 Millionen Kinder das Medikament Ritalin ein, das gewaltige neurologische Nebenwirkungen haben kann.[37] Die der Ritalin-Therapie zu Grunde liegende Diagnose der Hyperaktivität ist ihrerseits schon als Symptom einer zunehmend abnormen Reaktion des kindlichen Nervensystems auf die hohe toxische Belastung zu sehen.

Ich fasse noch einmal zusammen: Wir sehen bereits direkt vor unseren Augen die riesigen Krankheitsmassen des Krebs-Tsunami, des Diabetes-Tsunami, des Allergien-Tsunami, des Asthma-Tsunami, des MCS-Tsunami, des GVU-Tsunami, und so weiter, wir sehen das Zusammenwirken dieser Riesenwellen. Trotzdem sollen wir daran glauben, dass dies alles zu einer längeren Lebenserwartung führen wird? Eine Stagnation auf heutigem Niveau wäre schon ein wahres Wunder!

Die Geschichte des Heilens

Solange es leidende Menschen gibt, solange gibt es auch den Wunsch nach schneller Linderung und Heilung. Aus diesem Wunsch entstandene Schnellschüsse in Form von Operationen und Medikamenten, genauso wie manche Formen der medikamentösen und chirurgischen Präventivmedizin, waren die Folge. Je schneller also ein Helfer Linderung schaffen kann, desto besser ist er in den Augen seiner Patienten, bis heute.

Schmerzhafte Symptome und die Angst vor Schmerzen und Krankheiten sind also die Hauptursache für einige der größten Irrtümer in der Medizin, die sich massiv bis in unsere heutige Zeit hinein ziehen und dazu beitragen, den Tsunami herbeizuzwingen. Der Trend ging in den vergangenen Jahrzehnten dazu, lieber zu operieren als zu therapieren, eine Entwicklung, die besonders stark einsetzte, als, wie bereits erwähnt, Ende des 19. Jahrhunderts der Glasgower Arzt und Chirurg Joseph Lister das antiseptische Prinzip entdeckte, mit dem Wundbrand plötzlich vermeidbar wurde. Zusammen mit der Entwicklung der Narkose über Lachgas und Chloroform durch andere Kollegen ergab diese Entdeckung viele Grundlagen der heutigen Medizin. Medikamente die schnell halfen und die Schmerzen unterdrücken konnten, wurden erfunden. Genau nach demselben Motto „viel hilft viel“ sahen wir einen Trend, starke Medikamente den schwachen vorzuziehen, da man glaubte, dass eine höhere Dosierung in einem Medikament auch zu einer schnelleren und zuverlässigeren Linderung führen würde. Verschwindet der Schmerz schneller mit dem einen Schmerzmittel, dann muss es doch auch besser sein als das andere, das weniger schnell wirkt. Und wen kümmern da schon die Nebenwirkungen, wenn’s doch so schnell wirkt.

Genau diese Art zu denken liegt fast allen medikamentösen und chirurgischen Eingriffen zu Grunde. Zwangsläufig und unvermeidbar werden dabei systemische Grundlagen im Organisus zerstört, die für eine langfristige und nachhaltige, auch Generationen übergreifende Gesundheit nötig wären. Wir opfern unsere langfristige Gesundheit, damit auch die Gesundheit unserer Kinder und Enkel, dem kurzfristigen Verschwinden unangenehmer Symptome. Denn die Ursachen bleiben bei dieser Therapie meist bestehen und führen unweigerlich zu weiteren, wahrscheinlich noch unangenehmeren Symptomen, die dann in diesem Teufelskreis mit natürlich noch stärkeren Eingriffen eliminiert werden müssen. Dieses Spiel vollzieht sich solange, bis keine natürlich-systemische Regenerationsfähigkeit des Organismus mehr übrig geblieben und der Körper damit irreversibel geschädigt ist. Irreversible Schädigung jedoch führt meist zum Tod. Da diese Teufelskreise wegen der zunehmenden Toxizität aller Umfelder zusammen wirken und sich daher weiter beschleunigt entwickeln werden, wird die daraus resultierende Degeneration zu einer sinkenden Lebenserwartung auf breiter Basis führen.

Denn wir leiden an einem gesamtgesellschaftlichen Blackout. Denn wir alle, und vor allem die Masse unserer Ärzte, haben vergessen oder verdrängt, dass die Menschheit als Gesamtheit mit dem gegenteiligen Prinzip der schwachen, oft pflanzlichen, artgerechten Therapien und Arzneien schließlich Jahrtausende überlebt hat! Ohne Zweifel auch deswegen, weil das Genom damit kaum oder gar nicht negativ beeinflusst werden konnte. Ein Beweis, der für die chemisch-synthetischen Medikamente erst noch erbracht werden muss und sehr wahrscheinlich negativ ausfallen wird. Er fällt bereits heute negativ aus. Die meisten dieser synthetischen Stoffe gibt es nämlich noch nicht einmal 50 Jahre.

Das bedeutet, dass diese Mittel gerade erst anfangen, ihre Generationen schädigende Wirkung zu entfalten. Die Spitze des Eisberges sehen wir am berühmten Contergan-Skandal in den 60ger Jahren des vergangenen Jahrhunderts. Winken wir jetzt bitte nicht ab, weil wir vom Contergan-Skandal schon so oft gehört haben und dieser Begriff uns sehr vertraut scheint. Dieser Skandal war nämlich ein Symptom unserer kranken medizinisch-pharmazeutischen Herangehensweise, das in seiner demonstrativen Kraft kaum zu überbieten ist. Damals erlitten 8000 Kinder durch das von Experten als harmlos bezeichnete Schlafmittel Thaliadomid schwerste Schädigungen, die sich in starker Verkrüppelung und lebenslanger Behinderung auswirkten. Manche der betroffenen Frauen und Mütter versichern glaubhaft, dass sie nur eine einzige Tablette dieses Arzneimittels in der Schwangerschaft genommen hatten und dadurch ein Kind bekommen hatten, das verkrüppelt war! Hautnah und erschreckend erlebten wir alle und die gesamte Fachwelt, im Contergan-Skandal Teratogenität live und par excellence. Das Wort Contergan ist somit zum *Synonym* für alle Medikamente und Stoffe geworden, die uns von Expertenseite als ungefährlich angepriesen werden, und die im Nachhinein erst ihre grauenhaften Wirkungen bereits offenbart haben oder offenbaren werden. Glauben wir nur nicht, wir wären heute gegen „Contergan“ gefeit. Kleine „Contergan“-Bomben, die nicht sofort und direkt zu solch schrecklichen Ergebnissen führen, lauern in fast allen Dingen, mit denen wir uns *heute* umgeben und die wir zu uns nehmen. Latent ist Contergan in unserer heutigen Welt sozusagen überall, *sogar* in den Nahrungsmitteln.

In der guten alten Zeit war es noch schwierig, jemanden zu vergiften. So konnte Schneewittchens Stiefmutter nicht einfach in ein Geschäft gehen und einen mit Gift behandelten Apfel oder Kamm zu kaufen. Um die Unbedenklichkeit des Essens zu testen, hatten Könige ihre Vorkoster. Aber wen haben wir heute, der uns vor unliebsamen Giften in den Dingen schützt, die uns umgeben und die wir uns einverleiben? Vollends unüberschaubar wird unsere heutige Situation durch die Tatsache, dass eben viele Stoffe nicht direkt wirken, sondern nur auf Raten. Wir werden langsam, und damit schlecht beweis- und nachvollziehbar vergiftet …

Die fehlende Gesundheitsdefinition

Viele werden sich an dieser Stelle fragen, warum das alles passieren konnte. Warum viele Ärzte das nicht wissen. Warum die Krankenkassen das Ungefährliche meistens noch nicht einmal bezahlen. Warum nach solchen falschen Prinzipien therapiert und behandelt wird. Der Grund wurde bereits genannt: Das langsamere, artgerechte Ursachen-Heilen kann gegen die chemischen Turbokeule, die Symptome über Nacht zum verschwinden bringt, nicht mithalten. Jedenfalls nicht, was die Schnelligkeit des Symptomverschwindens betrifft. Sehr wohl aber ist es ohne Konkurrenz überlegen, wenn es um langfristige und Generationen übergreifende Gesundheit geht. Und genau hier liegt sozusagen der Hase im Pfeffer. Denn niemand weiß, was Gesundheit wirklich ist.

Das führt dazu, dass es auch mit der Beachtung der Patientenrechte nicht zum Besten steht. Kaum ein Kranker kennt seine Rechte. Wenn Sie sich dafür interessieren, dann fragen Sie am besten bei Ihrer Krankenkasse nach: die meisten haben kostenlose Broschüren zum Thema Patientenrechte. Und sind wir krank, werden uns auch nicht alle möglichen Therapien mit ihren jeweiligen Risiken und Chancen zur Behebung unserer Krankheitssymptome vorgestellt. So nimmt manch einer das ärztlich Verordnete als Muss hin, getraut sich womöglich noch nicht einmal, nach möglichen Nebenwirkungen zu fragen.

Haben Sie selbst schon einmal beim Arzt nach einer Auflistung aller möglichen allopathischen, homöopathischen und sonstigen Therapien inklusive Risiken, Nebenwirkungen und Nachhaltigkeit der Heilungschancen verlangt? Nein? Sie kämen noch nicht einmal darauf, dies von Ihrem Arzt zu verlangen? Das zeigt uns nichts anderes, als das wir als Patient wahrhaft unmündig sind. Das zeigt uns unsere Naivität. Das zeigt uns, wie sehr wir unsere Gesundheit unrechtmäßig delegiert haben an Menschen, die selbst nur über Halbwissen verfügen. Das zeigt uns, dass wir unsere Gesundheit bei weitem nicht so wichtig nehmen, wie unsere Finanzen. Denn bei unserer Bank oder bei unserem Versicherungsmakler verlangen wir wahrscheinlich eine solche Auf- und Gegenüberstellung, bevor wir unser Geld anlagen…

Vor allem in den USA müssen zunehmend mehr Organisationen, Unternehmen und Ärzte sich wegen Missachtung und mangelnder oder fehlender Patienteninformation verantworten. Der darauf spezialisierte Anwalt Alan Milstein vertritt zum Beispiel Patienten, die mit einem neuen Hautkrebs-Medikament behandelt wurden, dessen Risiken systematisch verschwiegen wurden; er setzt sich für Soldaten ein, die glauben, durch einen Impfstoff gegen Anthrax geschädigt worden zu sein; er bringt Mitarbeiter eines renommierten Krebsforschungszentrums in Seattle vor Gericht, weil dort einige Patienten starben, nachdem ihnen ein neues Medikament gegen Abstoßungsreaktionen nach einer Knochenmarkstransplantation verabreicht wurde. Dieser Anwalt vergleicht die Vorgehensweise einiger Forscher sogar mit den früheren medizinischen Versuchen in deutschen KZs! „Es ist ein Mythos, dass jeder Test wichtig ist für das Wohlergehen der Menschheit“, fasst Milstein seine Erfahrungen mit den Argumentationen der Pharma-Firmen zusammen. Drei Millionen Amerikaner hätten allein im Jahr 2001 an zirka

60.000 klinischen Studien teilgenommen. Diese Studien seien weder zu kontrollieren noch in ihren Folgen abzuschätzen. Sie seien Folgen einer „Nasdaq-Medizin, die in der Biotechnologie Lösungen für bislang ungelöste Probleme und grenzenlose Profite sieht.“[38]

Ist es da nicht an der Zeit, auch in Europa und vor allem in Deutschland die Gesetze hierzu strenger zu gestalten? Ist es nicht an der Zeit, unsere Gesundheit und körperliche Unversehrtheit auch finanziell aufzuwerten und sollten daher nicht die Entschädigungen der pharmazeutischen Firmen und Krankenhäuser an die Opfer *weitaus* höher ausfallen? Denn es handelt sich nicht um ein Kavaliersdelikt, wenn jemand gesundheitlich aktiv und womöglich noch vorsätzlich geschädigt wird. Dieser Grundgedanke muss endlich auch in unserer Rechtssprechung Einzug halten und sich in den Urteilen niederschlagen. Das wäre eine wichtige Voraussetzung, wenn wir die Tsunamis, die auf uns zurollen, wenigstens noch etwas abschwächen wollen …

Die Therapie von Krankheiten richtet sich also daran aus, wie wir Gesundheit definieren. Ist die Gesundheitsdefinition falsch, sind auch die darauf aufbauenden Therapien falsch. So einfach ist es. Schauen wir uns also die Gesundheitsdefinitionen an, die verschiedene Instanzen anzubieten haben.

Der Duden definiert Gesundheit als „Zustand oder bestimmtes Maß körperlichen oder geistigen Wohlbefindens. Nichtbeeinträchtigung durch Krankheit.“ Dem Duden als nicht-medizinisches, allgemeines Nachschlagewerk kann man seine unterentwickelte Definition von Gesundheit kaum übel nehmen. Dennoch entspricht seine Definition dem, was die meisten Menschen über Gesundheit denken. Viele Menschen und leider auch die meisten Ärzte sehen Gesundheit als Abwesenheit von Krankheit, oder besser gesagt, als Abwesenheit von Symptomen oder Beschwerden. Nichts könnte jedoch falscher sein! Diese

Auffassung ist als Hauptursache der falschen Therapien und gesundheitlichen Hauruckaktionen zu sehen. Denn wenn Gesundheit wirklich die Abwesenheit von Symptomen wäre, dann ginge es wirklich nur darum, diese Symptome schnellstmöglich zu eliminieren. Sind die Symptome weg, wären wir wieder gesund. Es wäre schön und einfach, wenn dem so wäre. Doch der Mensch ist ein komplexes System, in dem es fast keine Monokausalitäten gibt.

Dass es nicht ganz so einfach ist, hat sich bei manchen Menschen schon herum gesprochen. Bei den meisten leider jedoch noch nicht. Dieses ‚Leider' muss umso lauter und verzweifelter hervor gebracht werden, je mehr Einfluss der Nichtwissende auf unsere Gesundheit bzw. unsere ‚Krankheit' und die darauf anzuwendenden Therapien hat. Hier sind vor allem die Politiker, Forscher, Ärzte und deren diverse Verbände und Institutionen gemeint, von denen die meisten diesem Irrtum verfallen sind, sich dessen aber noch nicht einmal bewusst sind. Diese Nichtbewusstheit führt dazu, dass diese Menschen auch noch mit bestem Gewissen und im Brustton der Überzeugung völlig falsche Wege einschlagen und die Weichen aller wesentlichen Systeme abgrundtief falsch stellen. Das wird zu schmerzlichen Auswirkungen führen, die uns alle massiv und auf breiter Front treffen werden. Diese falschen Weichen sind ein weiterer wichtiger Grund, warum unsere Lebenserwartung keine Chance haben wird zu steigen.

Auch wenn wir die medizinischen Nachschlagewerke konsultieren, wird es mit der Gesundheitsdefinition nicht professioneller und besser. Selbst das wichtigste Nachschlagewerk der Mediziner, der Pschyrembel, definiert sehr enttäuschend Gesundheit als „…das subjektive Empfinden des Fehlens körperlicher, geistiger und seelischer Störungen oder Veränderungen bzw. ein Zustand, in dem Erkrankungen und pathologische Veränderungen nicht nachgewiesen werden können.... Im sozialversicherungsrechtlichen Sinn der Zustand, aus dem Arbeits- bzw. Erwerbsfähigkeit resultiert."

Selbst die Organisation, die für sich beansprucht, die Gesundheit der Welt praktisch zu regieren, wartet nur mit einer äußert zweifelhaften Definition auf. Laut der Weltgesundheitsorganisation WHO ist Gesundheit „ein Zustand des vollständigen körperlichen, mentalen und sozialen Wohlbefindens und nicht nur die Abwesenheit von Krankheit oder Behinderung" oder in einer anderen Definition „ein Zustand vollständigen körperlichen und mentalen Wohlbefindens, das dann eintritt, wenn beschwerdefreie Menschen in Harmonie miteinander und mit ihrer Umwelt leben". („a state of complete physical and mental well-being which results when disease-free people live in harmony with their environment and with one another").

Die Tatsache, dass es keine allgemein verbindliche, wissenschaftliche, praktikable und wahre Gesundheitsdefinition gibt, ist in der Tat als Hauptursache für unsere heutige schlechte Gesundheitslage zu sehen. Das Fehlen dieser Definition ist beileibe keine Bagatelle. Es ist ein Skandal. Denn es öffnet falschen, kurz-, mittel- und langfristig toxischen Therapien Tür und Tor.

Viele entgegnen hier, dass die Medikamente schließlich vor Markteinführung an Tieren und Menschen geprüft werden, dass die Medizin Evidenz basiert arbeitet, die klinische Forschung Milliarden kostet und viele andere vermeintliche Gegenargumente werden hervorgebracht.

Aber all diese so schlau klingenden, wissenschaftlichen Argumente sind nicht viel wert. Denn sie greifen viel zu kurz. Was beweist das denn, dass ein Symptom durch ein bestimmtes Medikament verschwindet? Beweist das, dass der Mensch gesund ist? Beweist es, dass er es auch in fünf Jahren noch sein wird? Dass seine Kinder und Enkel keine Schäden durch die Therapie nehmen werden? Sind diese Pillen, Impfstoffe und andere Mittelchen damit epigenetisch unbedenklich, wenn Sie schon fünf oder gar zehn Jahre getestet wurden, was ohnehin selten ist? Beweist die Wirksamkeit eines Medikamentes und seine Verträglichkeit bei Ratten, dass es bei Menschen genauso wirkt, obwohl Ratten, Katzen, Affen und sonstige arme, gequälte Versuchstiere gänzlich andere Arten darstellen und nach gänzlich anderen Artgesetzen, Stoffwechselmustern und genetischen Programmen funktionieren? Beweist es, dass das Mittel auf alle möglichen Kombinationen getestet ist? Beweist das, dass dieses Mittel keine schädlichen Bündnisse mit anderen Medikamenten oder Toxinen in unserem Körper eingehen kann, die zu weit gravierenden Symptomen führen können? Erinnern wir uns, DDT befindet sich heutzutage zum Beispiel in uns allen. Genauso wie Insektizide und Pestizide und andere Umweltgifte. Was beweisen also diese so genannten ‚wissenschaftlichen' Argumente? So gesehen beweisen sie letztlich nichts. Oder das Falsche.

„Man sieht hier besonders deutlich, wie sehr jene Erkenntnistheoretiker irren, welche glauben, dass die Theorie auf induktivem Wege aus der Erfahrung hervorgehe. Von welchen Irrtum selbst der überlegene Newton sich nicht freihalten konnte."[39] Das schrieb Albert Einstein bereits vor über 50 Jahren. Dasselbe ließe sich heute über die gesamten medizinisch-pharmazeutische Forschungen sagen. Sie alle meinen, durch Versuche an Tier und Mensch beweisen zu können, dass uns bestimmte Substanzen nützen. Einstein kam seinerzeit zu dieser Behauptung, da damals die Physik von der Mechanik beherrscht wurde. Die Mechanik war sehr praktisch, weil beobachtbar und materiell. Alles Immaterielle konnte durch sie nicht abgebildet und gedeutet werden. Somit befand sich jeder zeitliche Bezug außerhalb der theoretischen Deutbarkeit durch die Mechanik. Einstein sprengte diese enge Sicht, in der nicht sein konnte, was nicht sein durfte. Er ging weit über die Mechanik hinaus. Er bezog aus damaliger Sicht unfassbare Dinge mit ein. Er definierte anders und neu. Er machte klar, dass es sein *muss,* dass es gesehen werden *muss,* dass es einbezogen werden *muss* – das bis dahin Unbegreifliche, das bis dahin nicht Messbare: Raum und Zeit. Die wortgleiche Einsteinsche Kritik verdienen heute Medizin und Pharmakologie, und wahrscheinlich auch alle anderen Wissenschaften. Sie wirken „mechanistisch", möchten direkt beobachtbar, nachvollziehbar und bewertbar sein. Die zeitlichen Komponenten, vor allem die langfristigen und Generationen übergreifenden werden auch hier ausgeblendet. Gerade diese müssen aber eingeblendet werden.

Die meisten Menschen, darunter auch die meisten Fachleute denken wie gesagt tatsächlich immer noch, Gesundheit sei die Abwesenheit von Krankheit, von Symptomen. Selbst in den Definitionsbestandteilen und in den Annahmen darüber, wie Gesundheit erhalten oder wiederhergestellt werden kann, welche Elemente sie schwächen oder stärken ist keinerlei Konsens vorhanden. Das ist die eigentliche Krux.

Das Fehlen einer echten, tragfähigen und damit therapierelevanten Gesundheitsdefinition ist so, als ob es in der Physik keine echte Definition und Gleichung für Schwerkraft und Masse gäbe. Würde diese fehlen, hätten wir nie Flugzeuge oder Raketen in die Luft bekommen. Man kann die Schwerkraft nur überwinden, wenn man ihre Formel kennt. Könnten sich Physiker etwa damit begnügen, zu sagen, Schwerkraft wäre die Anziehung zweier Körper wegen ihrer Masse? Das würde nicht ausreichen, um zu wirksamen Schwerkraftüberwindungstherapien, zum Beispiel per Antrieb, zu kommen. Aber im Bereich Gesundheit, bzw. Medizin und Pharmakologie, ist es erlaubt mit unscharfen Definitionen, die an Ungenauigkeit und Schwammigkeit keine Wünsche offen lassen, buchstäblich herum zu lavieren und mit dem Leben von Millionen oder gar Milliarden von Menschen va banque zu spielen.

Gesundheit kann man nur erhalten und sichern, wenn man ihre genaue Definition kennt und die Definitionsbestandteile klärt. Kurzum, wenn man weiß, was Gesundheit wirklich ist. Diese unwissenschaftliche Schwammigkeit kostet unsere Volkswirtschaften deswegen Abermilliarden an unnötigen oder gar schädlichen Ausgaben. Allerdings verdienen auch ein paar Akteure hervorragend an dieser Unwissenheit, weil sie es verstehen, die allgemeine Verwirrung für sich in Szene zu setzen und zu benutzen.

Demnach ergäbe sich generell eine Hauptaufgabe, damit man überhaupt weiß, wovon wir reden: Die Aufgabe, Gesundheit exakt zu definieren. Wie sollte das aber funktionieren, wenn auf dem politischen Parkett die meisten alternativen Heilberufe völlig ausgeklammert sind und nur die Stimme der Schulmedizin gehört wird, weil deren Interessengruppen stark, mächtig und vor allem reich sind? Vielleicht empfinden wir diese Aussage als zu drastisch, denn wir wissen ja, dass immer mehr Menschen die Alternativen nutzen und jeder kennt jemanden, der schon einmal beim Heilpraktiker war. Aber das heißt noch nicht, dass irgendeine alternative Therapiegruppe wirklich Einfluss und Macht hat. Das kann nur die Schulmedizin von sich behaupten.

Ganz direkt können wir die Richtigkeit dieser drastischen Aussage an der Tatsache beobachten, dass in der Stiko (Ständige Impfkommission beim Robert-Koch-Institut) nur Vertreter der Allopathie sitzen. Das ist als dramatischer Fehler anzusehen, ist es doch die Stiko, die sämtliche Impfempfehlungen für Deutschland herausgibt. Bereits an der Besetzung wird klar, dass die alternativen Ärzte und Heiler sowie die gravierenden Argumente der Impfgegner wohl nicht gehört, geschweige denn ernst genommen werden. Derart einspurig besetzte Kommissionen beherrschen leider unsere politische Landschaft und dadurch die allgemeinen Auffassungen von Gesundheit und Krankheit. Deswegen braucht uns der schlechte Gesundheitszustand der Bevölkerung auch kaum zu wundern. Es würde dieses Buch sprengen, Gesundheit zu definieren, denn man müsste diese Definition und ihre Bestandteile sauber herleiten und zusammenfassend darstellen. Eines sei jedoch gesagt: Der Grund, warum obige Definitionen uns gesundheitlich fast vollkommen in die Irre führen, liegt in zwei Fehlern. Der erste Fehler ist, Krankheit als Gegensatz von Gesundheit zu sehen. Krankheit ist jedoch nicht das Gegenteil von Gesundheit. Im Gegenteil. Krankheit ist energetisch gesehen viel eher eine Ausprägung von Gesundheit, jedenfalls solange es sich nicht um irreversible oder auf Unfällen basierende Krankheiten handelt. Daher kommt auch der alte Satz: „Gebt mir die Macht, Fieber zu generieren, dann heile ich jede Krankheit.“ Die Krankheit ist also nicht der große Feind der Gesundheit, sondern eher ihr Freund. Der zweite Kardinalfehler liegt darin, Gesundheit als Zustand zu sehen. Gesundheit war und ist jedoch nie ein Zustand. Das lässt sich leicht daran erkennen, dass alles in unserem Körper, von der Blutzirkulation angefangen, ständig in Bewegung ist. Gesundheit ist also fließend. Es gehört nun mal in der Biologie zu den Definitionsbestandteilen und Eigenschaften von lebendigen Lebewesen, dass sie regenerationsfähig sind, das heißt, sich selbst reparieren können. Ein Umstand, der zuweilen in der Medizin gerne herunter gespielt wird. Bei Gesundheit geht es also um Homöostase, um Fließgleichgewichte, um Energie, und nicht um einen eindeutigen Zustand, den man hat oder nicht hat. Denkt man auf diesen Basiskorrekturen weiter, kommt man zu einer richtigen, weil artgerechten, praktikablen, erfolgreichen und damit tragfähigen Gesundheitsdefinition.

Wo wir heute gesundheitlich stehen

Wie wir gesehen haben, ist Gesundheit nicht eindeutig. Eben weil sie fließend ist, kann sie das auch nie sein. Zu der definitorischen Unschärfe gesellt sich auch noch der Umstand hinzu, dass zwischen Gesundheit und Krankheit verschiedene Zwischenstufen existieren, die wir am einzelnen Organismus wahrnehmen können. Mit untenstehender Gesundheitsleiter habe ich versucht, diese Zwischenstufen einmal zu klassifizieren. Diese lassen sich ebenfalls auf die gesamte Volksgesundheit anwenden. Wie wir sehen, ist das Gegenteil von Gesundheit nicht Krankheit, sondern am anderen Ende der Leiter steht der Tod, sozusagen als energetisches Ende der Gesundheitsbemühungen unseres Körpers. Solange noch Lebensenergie vorhanden ist, wäre eine Umkehr oder ein Hochsteigen der Leiter noch möglich, und sei es auch im Extremfall nur durch Wunderheilung.

Wir sind in den industrialisierten Ländern offensichtlich alle nicht mehr wirklich gesund. Noch nicht einmal mehr vital und fit. Wir sind schon auf der Stufe der Müdigkeit angekommen, oft aufgrund von toxischem Overload. Das heißt, der Körper benötigt die vorhandenen Energien innen, um zum Beispiel mit den Giftstoffen und falschen Nahrungsmitteln, Medikamenten fertig zu werden, und kann nach außen keine Energie mehr zeigen. Wenn wir dann richtig krank sind, starkes Fieber oder Schmerzen haben, können wir noch nicht einmal mehr genügend Energie aufwenden, um aufzustehen. Wir haben zwar noch volle Energie, aber diese wird gänzlich im Körperinneren gebraucht. Nach außen kann nichts mehr abgegeben werden. Natürlich müssten auch in der Phase der Krankheit noch die verschiedenen Abstufungen dargestellt werden. Wie ich oben gezeigt habe im Kapitel über die steigenden Krankheitsraten, befinden wir uns schon zwischen dem unteren Ende der Müdigkeit und im Anfangsstadium der kollektiven Krankheit. Wir sind auf dem absteigenden Ast und massiv unterwegs nach weiter unten. Und man sieht, was am unteren Ende auf uns wartet: der Exitus. In unserer Terminologie ist das die kollektive sinkende Lebenserwartung. Die Abwärtsspirale wird unterstützt und beschleunigt durch eine weiter zunehmende toxische Belastung in allen Lebensbereichen.

Ein lebendiges und gesundes Lebewesen zeichnet sich durch bestimmte Funktionen aus, die die Biologie als Kennzeichen von lebendigen Organismen verwendet. Wir finden bei Lebewesen Funktionen wie Stoffwechsel, Wachstum, Vermehrung, Reizbarkeit, Regulationsfähigkeit und Bewegung. Alle diese Funktionen werden bei einem gesunden Lebewesen auf einem hohen, unproblematischen und angemessenen Niveau vorgefunden. Stimmt die Gesundheit nicht mehr, ist sie gar nachhaltig geschädigt, werden diese Funktionen in vielfacher Weise geschwächt und kommen zuletzt ganz zum Erliegen. Sie können deswegen als Indikatoren für den Gesundheitszustand angesehen werden.

Der am höchsten stehende Begriff in der Gesundheitsleiter ist natürlich *Gesundheit*. Sie ist das Inbild und Synonym von Lebensfreude, Energie, Leben, Dynamik, Unternehmungsgeist und weiteren vielen positiven Begriffen. Sie beinhaltet ein Höchstmaß an Vitalität, Fitness und Lebensfähigkeit. Sie schließen ein optimales Funktionieren von Körper, Seele und Geist mit ein.

Die *Vitalität* von Lebewesen erkennt man in folgenden Erscheinungen: Sie sind flexibel und bereit, multifunktional zu sein. Ein vitaler Körper wird mit Viren und Bakterien spielend und meist ohne Symptome fertig, und ist in der Lage, neue Energien zu mobilisieren. Alle Funktionen und Organe funktionieren hervorragend. Lebensfreude und Energie sind völlig ohne Hilfsstoffe auf einem hohen Niveau.

Die *Fitness* reflektiert vieles davon, was schon bei der Vitalität beschrieben wurde, ist aber spezifischer und vergleichbarer. Die Fitness ist relativ gut messbar, so wie im Sport auch. Sie beinhaltet, dass man den Körper durch Training an bestimmte Belastungen anpassen kann. Man kann allerdings auch fit sind, zum Beispiel in einem bestimmten Sport, ohne dass man mehr wirklich gesund und vital ist. Sie ist daher kein Garant mehr für unseren Gesundheitszustand.

Die *Lebensfähigkeit* bzw. Überlebensfähigkeit ist das Minimum dessen, was ein Organismus vorweisen muss, ist aber weit davon entfernt dynamisch und vital zu sein. Man schafft seine Aufgaben gerade noch, aber echte Energie und Lebensfreude fehlen, chronische Krankheiten sind meist schon latent vorhanden, Infekte kommen andauernd vor.

Müde Lebewesen können relativ leicht erkannt werden. Sie haben an nichts mehr großes Interesse und vegetieren nur noch. Müden Menschen liegt nichts mehr wirklich am Herzen. Massive Blockaden in Form von toxischen Belastungen oder Krankheiten binden die Energie im Organismus selbst, nach außen kann kaum noch Energie gezeigt werden.

Ist ein Lebewesen dann *krank*, sind alle diese Merkmale noch stärker ausgeprägt; es existieren massive innere Blockaden. Das heißt, die Energie ist für die Behebung innerer Schäden gebunden und steht daher außen kaum oder gar nicht mehr zur Verfügung. Alles ruht. Man nimmt nicht mehr am Leben teil, sondern dreht sich um die Krankheiten und Therapien.

Ein *toter* Organismus vermag nun gar nichts mehr. Die Energie ist verbraucht. Diese Leiter kann man sowohl auf dem Weg in akute Krankheiten nachvollziehen, aber sie können auch den Gesamtzustand eines Organismus oder ganzer Populationen anzeigen

Jeder von uns bzw. sicherlich die meisten denken, wenn wir das Wort „Leben“ hören, an volles und aktives Leben. Und für diese Art von Leben ist Gesundheit die absolute Voraussetzung. Daraus folgt, dass wir die Gesetze der Gesundheit verstehen müssen, um sie kompetent in schwierigen Situationen anwenden zu können. Die meisten, die noch einigermaßen gesund sind, machen sich leider nicht allzu viele Gedanken über ihren beneidenswerten Zustand, den sie momentan als selbstverständlich ansehen. Im Gegenteil, sie lachen noch diejenigen aus, die sich bemühen, gesund zu leben und zu handeln, weil die aus ihrer Sicht *so* viel „verpassen“. Erst wenn sie krank sind und es womöglich schon zu spät ist, hört man oft folgenden Satz: „Wenn ich das doch nur vorher gewusst hätte!“

Es geht also darum, sich bereits im gesunden bzw. nicht allzu kranken Zustand Gedanken über Gesundheit zu machen, Wissen darüber zu erwerben, die größten Risiken klar zu erkennen und das Terrain für den weiteren Vollzug der Gesundheit zu bearbeiten. Das heißt, *in der Gesundheit für die Gesundheit zu arbeiten.*

Die Frage, die sich aufzwingt, ist: Warum steuern wir nicht gegen? Das was wir aktuell tun, die Art, wie wir aktuell mit Krankheiten umgehen, ist offensichtlich verfehlt. Wäre es richtig, würden vor allem die schweren Krankheiten wie Krebs verschwinden. Anstatt dessen steigen gerade diese Krankheiten exponentiell in ihrer Häufigkeit an. Warum wenden wir also nicht? Das würde auch unserer Lebenserwartung gut tun. Leider gibt es einen sehr wichtigen Punkt, der dagegen steht. Dieser liegt in den Grundannahmen der heutigen offiziellen Medizin.

Die Gesundheitsleiter:

Gesundheit

Vitaltiät

Fitness

Lebensfähigkeit

Müdigkeit

Krankheit

Tod

Die Mythen der Medizin

Durch die Jahrtausende hallt es uns entgegen: Gesundheit erhält und bekommt man nur durch gesundes Verhalten! Die uns dieses zurufen, sind keine Geringeren als Hippokrates, als Jesus, als Buddha, als der Heilige Benedikt, als Hildegard von Bingen, als Dr. Bircher-Benner, als Dr. Bruker, als Are Waerland, als Dr. Kollath, als Dr. Gerson, Rudolf Virchow, Max von Pettenkofer und als viele andere echte Ärzte und Heiler.

Doch spätestens seit Louis Pasteur und Robert Koch hallt etwas anderes durch die Welt: Findet euer Heil in Chemie! Am besten noch direkt in die Muskeln oder Blutbahnen injiziert, wo es direkt seine Wirkung entfalten kann. Pasteur selbst und alle Pharmazeuten danach lebten und leben sehr gut von diesem Ruf. Dieser Ruf hält sämtliche staatlichen und internationalen Institutionen, fast alle Politiker und die Mehrzahl der Menschen und Patienten fest in seinem Bann. Die Umsätze, die hier global und über die Jahre für die entsprechenden Konzerne kumulieren, belaufen sich auf Billionen. Kein Wunder, dass man von diesem Ruf nicht freiwillig lassen wird. Trotzdem es massive Gegenbeweise und Zweifel gibt, ruf man weiterhin dasselbe. In diese Kategorie gehört auch die jüngst vom wissenschaftlichen Institut der AOK gemachte Feststellung, dass Bürger, die in einem Gebiet mit vielen Ärzten wohnen, rascher zu Patienten werden, häufiger operiert werden, mehr nebenwirkungsreiche

Medikamente nehmen und durchschnittlich früher sterben, als Bürger, die in Gebieten wohnen, die medizinisch dünn besiedelt sind.[40]

Der Hauptkiller Krebs kennt ebenfalls keine erfolgreiche Therapie. Dieses Geständnis wird von niemand geringerem gemacht, als vom Deutschen Krebsforschungszentrum. Schon 1990 (und seither hat sich daran kaum etwas verändert) wurde eine Generalübersicht zur Wirksamkeit der gebräuchlichsten Chemotherapien herausgegeben, in der zugegeben wird: „Auch heute noch nach mehreren Dekaden intensiver klinischer Therapieforschung an zytostatischen Substanzen fehlt für die allermeisten Krebsarten jegliche Evidenz dafür, dass die mit diesen Substanzen durchgeführte Krebsbehandlung in ihrem Hauptanwendungsbereich, nämlich bei fortgeschrittenen Krankheitsstadien, überhaupt einen günstigen Einfluss auf die Lebenserwartung hat."[41] Oft ist sogar heutzutage noch das Gegenteil festzustellen, dass durch die Anwendung der Chemo und die dadurch erfolgte massive Zerstörung des Immunsystems der Krebs einen Schub bekommt und innerhalb kürzester Zeit der gesamte Körper mit Metastasen übersät ist. Auch heute ist man noch nicht weiter als 1990 – das wird besonders klar in dem 2004 erschienenen Buch von Lothar Hirneiser *Chemotherapie heilt Krebs und die Erde ist eine Scheibe*.

Wir verdanken auch unsere aktuell relativ hohe durchschnittliche Lebenserwartung nicht der Medizin. Forscher der Harvard Universität errechneten 1998, was einzelne medizinische Maßnahmen an Lebenszeit bringen. Dabei schneidet der allgemeine Lebensstil viel besser in seinem Beitrag ab, als die vermeintlichen Segnungen der Medizin. Eine Mumpsimpfung bringt nach dieser Studie gerade einmal ein Plus an Lebenszeit von acht Stunden, eine Masernimpfung bringt 2,7 Tage, die regelmäßige Teilnahme an Brustkrebsfrüherkennung bringt 24 Tage. Dagegen bringt regelmäßige sportliche Betätigung immerhin 6,2 Monate, das Aufhören mit dem Rauchen im mittleren Lebensalter zwischen 8 und 10 Monaten.[42]

Ein brandneuer Ruf, der den Chemie-Ruf ergänzt, kommt aus der Gen-Ecke. Wenn schon Medikamente bestimmte Krankheitssymptome nicht zum Verschwinden bringen können, dann kann man zukünftig wenigstens auf die Gen-Korrektur hoffen. Denn viele Krankheiten hätten ihren Ursprung in bestimmten Genabschnitten, so gaukelt man es uns vor. Und mit dieser großen Hoffnung und dem rosigen Zukunftsszenario, in dem alle schwerwiegenden Krankheiten durch Gentechnik repariert werden können, ist es nicht besonders schwer, an Forschungsgelder und Wagniskapital zu kommen.

Diese plakativen Aussagen, mediengerecht verpackt, führen dazu, dass die meisten Menschen ein völlig verzerrtes Bild von den Genen und ihrer Funktion haben. In ihrer Vorstellung handelt es sich bei Genen um eine festgelegte Folge von Informationen, die unveränderlich und souverän die Gesundheit und die Krankheiten des Körpers beherrschen. Gene als zellkernimmanente Diktatur sozusagen. Gentechnik wird so für sie zu einem Haupthoffnungsträger gegen fast alle Krankheiten. Denn könnte man in diesem festen, stabilen Regierungskabinett irgendwann einen unliebsamen, krankheitserzeugenden Minister eliminieren, so wäre ja auch sein Herrschaftsbereich, die Krankheit, dahin - so denken sie.

Fakt ist aber, dass Gene nicht nur regieren. Sondern sie werden auch regiert. Gene unterliegen einer Vielzahl von Einflüssen, denen sie gehorchen müssen und die ihre Aktivität sehr stark regulieren. Die Aktivität von Genen wird durch Ereignisse, Erlebnisse und Lebensstile gesteuert. Nicht zu vergessen die Umwelteinflüsse, die einen unglaublich negativen Effekt auf unsere Gene ausüben können, was unschwer im Falle von Strahlung, vor allem der radioaktiven Strahlung, zu erkennen ist.

Diese genetischen Veränderungen sind der gesamten Menschheit und Wissenschaft seit den Megaverstrahlungen von Nagasaki, Hiroshima und Tschernobyl bestens bekannt. Und sie lauern auf uns in jedem Super-Gau. Aber es gibt sie auch in viel kleinerem Umfang durch andere Strahlungseinwirkung, wie zum Beispiel durch Röntgenstrahlung, Stromleitungen Magnetfelder, UV-Strahlung oder sogar Ultraschall. Sehr umstritten sind ja sogar die Strahlungsfelder von Handys und Mobilfunkmasten, DECT-Telefonen und sogar die elektromagnetischen Felder unserer PCs, Laptops oder elektrischen Haushaltsgeräte. Die Strahlung selbst kann man nicht als Toxin bezeichnen. Leider wirkt sie jedoch toxisch in unserem Organismus. Professor Joachim Bauer, Psychoneuroimmunologe am Universitätsklinikum Freiburg formuliert es so: „Gene führen also kein auf sich gestelltes, ‚autistisches' Eigenleben … Die Frage ‚Gene ohne Umwelt', über die auch heute noch begeistert gestritten wird, ist daher unsinnig. Beide funktionieren nur gemeinsam."

Das Genom, also all unsere Chromosomen, auch Erbmasse genannt, bestehen aus mindestens 100.000 verschiedenen Genen, die alle untereinander in Strängen verbunden sind und durch Sequenzen getrennt werden. Einige Tausend Gene liegen durchschnittlich auf jedem Chromosom. Die DNA einer einzigen Zelle wäre ausgebreitet zirka zwei Meter lang. Die gesamte DNA in einem menschlichen Körper ergäbe schätzungsweise die Entfernung der Erde zur Sonne und wieder zurück.[43] Die DNA besteht aus über drei Milliarden Basenpaaren. Diese Gensequenz regulieren, wann, wo wie viel Protein bei Einschaltung eines bestimmten Gens hergestellt wird. Doch die Gensequenz teilt uns nicht mit, was das Protein zu tun hat.

Es gibt Gene, die dauernd aktiv sind und welche die nur ab und zu aktiv werden. Die dauernd aktiven Gene betreffen die permanenten Kennzeichen unseres Organismus wie die Augenfarbe, Haarfarbe, Formen und Strukturen des Körpers. Interessanterweise gibt es aber auch Gene, die nur teilweise oder nur unter bestimmten Bedingungen aktiv werden. Diese unterschiedlichen Arten von Genaktivitäten werden als „Genregulation“ bezeichnet. Zum Beispiel verändern Stress und Depression die Genaktivitäten gravierend.

„Beinahe alles, was das Immunsystem zur Infekt- und Krebsabwehr leistet, hängt nicht vom ‚Text', sondern von der Regulation von Genen ab … Unser heutiges Verständnis der Genetik ist jedoch weitgehend immer noch durch die medizinische Genetik der ersten Hälfte des 20. Jahrhunderts eingeengt, die mit ihrer ‚Rassenlehre' aus den klugen Entdeckungen Gregor Mendels Schlussfolgerungen zog, die an Dummheit kaum zu übertreffen waren ... Dieses Denken … bestimmt auch heute noch einen Teil der medizinischen und psychiatrischen Forschung.“ So korrigiert Professor Bauer den Wahn gutgläubig darauf hereinfallender Menschen sowie Geldgeber und erteilt der Hybris der Forscher einen Dämpfer, die behaupten, durch bestimmte Gensequenzen Krankheiten wie Krebs beherrschen zu können.

Die Fragen, die sich jedem denkenden Menschen hier aufdrängen, sind folgende: Wie will man Gene beherrschen, wenn sie nur bei bestimmten Umwelteinflüssen überhaupt aktiv werden? Und selbst wenn man diese Gene ersetzen würde, wären dann die neuen Gene oder Gensequenzen nicht auch anfällig für dieselben Umwelteinflüsse und würden die neuen Gene diese Krankheiten nicht genauso auch wieder generieren?

Des Weiteren sollten wir uns bewusst sein, dass Gene *alle* physiologischen Aktivitäten steuern, wie zum Beispiel Hormone, Proteine, Enzyme etc. Gleichzeitig weiß die Wissenschaft heute noch nicht, welche genauen Funktionen ein *einziges* Protein in unserem Körper überhaupt ausführt (außer bei Enzymen) oder ausführen kann. Was passiert dann wohl, wenn ein oder mehrere Gene verändert werden und damit vielleicht die Steuerung von Dutzenden, Hunderten oder gar Tausenden von Proteinen beeinflusst wird, deren Funktionen die Wissenschaftler noch nicht einmal kennen? Bewirkt ein solches Eingreifen nicht eher ein totales Tohuwabohu und das Entstehen von neuen, unkalkulierbaren Krankheitsbildern, mit denen die naiven Experimentierer natürlich nicht rechnen konnten oder wollten, um ihre eigenen vollmundigen Versprechungen nicht von vorn herein zu torpedieren und es sich somit selbst schwer zu machen, an Forschungsgelder oder Venture Capital heran zu kommen?

Noch schlimmer wird diese menschliche nukleare (nucleus = Zellkern) Intervention, wenn wir uns vor Augen halten, dass viele Proteine in der Zelle selbst produziert werden. Es gibt über 35.000 Proteine, die aus verschiedenen, oft sehr langen Aminosäureketten bestehen. Hämoglobin, zum Beispiel, ist ein Protein. Proteine bestehen nicht nur aus einer bestimmten Reihung von Aminosäuren, sondern falten sich auch noch zu einer spezifischen Form und lagern sich dabei häufig noch auf eine komplizierte Art mit anderen Proteinen zusammen, bevor sie ihre jeweilige Aufgabe erfüllen können. Und die Baupläne für diese in Form und Funktion komplexen Proteine liegen im Zellkern, in den Genen. Ich wage es kaum, mir vorzustellen, was hier durch menschlichen Pfusch, egal wie wohlmeinend und hehr er auch sein mag, angerichtet werden kann. Welches Chaos hier mit Sicherheit im Stoffwechsel angerichtet werden würde! Lauert hier nicht eine neue, riesenhafte Büchse der Pandora? Sollten wir diese nicht doch lieber geschlossen halten?

Auch diese Eingriffe über die Gentechnologie werden *mit Sicherheit* zu neuen, komplexen und geheimnisvollen Krankheitsbildern führen, die sich am Anfang genauso latent und langsam entwickeln werden, wie unsere heutigen

Degenerationskrankheiten sich in den ersten Jahren und Jahrzehnten der Industrialisierung entwickelt haben. Nun aber, in unserer heutigen Zeit, zeigen sie sich in ihrer vollen explosiven und exponentiellen Stärke und drängen sich zunehmend in unser Bewusstsein und in unsere Lebenserwartung. Es wird aber so sein, dass sich diese gentechnologisch induzierten Krankheiten zu den degenerativen dazu gesellen und es somit schwierig sein wird, kausale Zusammenhänge wirklich zu erkennen und zu therapieren. Außerdem dürfte es sich als unmöglich erweisen, die DNA in allen Körperzellen auszutauschen oder zu reparieren. Sequenzen oder Gene nur lokal zu reparieren dürfte selbst nach heutigem Kenntnisstand nicht ausreichen, da es zunehmend mehr wissenschaftliche Beweise darüber gibt, dass Organe und Körperteile miteinander „kommunizieren", zum Beispiel durch Bioilluminiszenz. Gleichermaßen gibt es deutliche Hinweise darauf, dass der Krebsbefall eines Körperteils durch das Blut kommuniziert wird, diese Krankheit sich also bereits im Blut befindet. Was sollte hier ein lokaler Austausch von Gensequenzen wirklich nützen können?

Das alles wird natürlich von den Biotechnologen selbst ganz anders gesehen. Cynthia Robbins-Roth, die Gründerin und Mitinhaberin von Bio Venture Consultants in Kalifornien, beschreibt es in Ihrem Bestseller „Zukunftsbranche Biotechnologie" so: „Das Goldene Zeitalter der Biotechnologie liegt vor uns".[44]

Gleichermaßen gibt sie eines der größten Probleme der heutigen Gentherapie zu: „... ein Problem, das die Branche bis heute plagt – er konnte die Gentherapie einfach nicht so gestalten, dass das Mädchen ausreichende Mengen des benötigten Proteins herstellte, um die Krankheit vollständig zu heilen."[45]

Jeder, der weiß was Gesundheit wirklich ist, könnte dieses „riesige" Problem der Gentechnologen ohne Nachzudenken beantworten. Sogar Hippokrates, vor 2300 Jahren, hätte das schon gewusst. Daran erkennen wir, mit welcher gesundheitlichen Halbbildung, die für gefährlich zu halten ist, sich diese „Wissenschaftler“ anmaßen, unsere innersten Informationen und damit unsere Generationen übergreifende Gesundheit zu manipulieren - Gott steh uns bei! Es kann eigentlich nur schlimmer werden… Frohgemut verkündet Frau Robbins-Roth dann auch noch: “Wer weiß, vielleicht können die Pflanzenkulturen der Zukunft sogar Medikamente erzeugen?“ Sollte es den betreffenden Wissenschaftlern wirklich entgangen sein, dass Pflanzen schon immer Heilmittel waren? Dass gesunde Lebensmittel insgesamt schon immer Heilmittel waren? Lebensmittel *sind* Biochemie! Es wird einem wahrhaft schwindlig bei der Vorstellung, es könnte solchen Gesundheitsignoranten wirklich erlaubt sein, irgendetwas Wesentliches im pflanzlichen oder gar menschlichen Genom zu verändern.

„Es ist ganz unmöglich, vorherzusagen, welche Unternehmen langfristig erfolgreich agieren und welche eines qualvollen Todes sterben werden, bevor der Break Even erreicht ist.“ – schreibt Frau Robbins-Roth. Daran sollten wir immer denken, wenn wir Informationen hören, die die Gentechnik betreffen. Es handelt sich hier nämlich um eine der kapitalintensivsten Branchen überhaupt. Die Manager dieser Firmen würden wahrscheinlich alles versprechen, um weiteres Kapital zu bekommen. Und wenn sie einen Investor gefunden haben, welches Ziel wird dieser Investor nun wohl verfolgen? Sein Investment zu gefährden, indem er die Wahrheit in Bezug auf Risiken und Unwägbarkeiten erzählt? Das ist kaum anzunehmen. Er wird versuchen, aus seinem Investment einen Börsengang zu machen oder die junge Firma an einen der großen Pharmakonzerne zu verkaufen, um so einen schönen Gewinn einzufahren.

Lassen wir uns also nicht für dumm verkaufen. ‚Geld regiert die Welt', das gilt auch für die Gesundheits- und Pharmabranche, die im allgemeinen Interesse besser nach den Prinzipien ‚Ethik regiert die Welt' und dem uralten, aber vergessenen Behandungsgrundsatz ‚Priumum non nocere' (vor allem nicht schaden) funktionieren sollte. Davon sind wir leider weit entfernt.

Denn seit dem 26. Juni 2000 befindet sich die Forschung im genetischen Höhenrausch. An diesem Tag wurde von dem amerikanischen Präsidenten Bill Clinton und dem britischen Premierminister Tony Blair verkündet, dass unser menschliches Genom nunmehr entschlüsselt sei. Dieses humane Genomprojekt hatte Milliarden von Steuergeldern gekostet, die aufgrund der blumigen Versprechungen der Forscher, die Gesundheit durch die Kenntnis des Genoms dramatisch verbessern zu können, aufgebracht wurden. Hochfeierlich und von weitreichenden Heilsversprechen begleitet, wurde an diesem Junitag das Jahrhundert der Genetik eingeläutet. Die Staatshäupter ergingen sich in rosigen Zukunftsvisionen, in denen Alzheimer, Parkinson, Diabetes und sogar Krebs nicht mehr existent waren. Das wird aber, wie wir vermuten dürfen, auch weiterhin Utopia bleiben.

Das Ausmaß der Fehleinschätzungen wird an den Aussagen des Amerikaners French Anderson manifest, der sich gern als Vater der Gentherapie feiern lässt. Als 1990 die Gentherapieversuche begannen, prophezeite er, dass bereits im Jahre 2000 Millionen von Menschen durch diese Art der Therapie geheilt werden könnten. Die ersten fünf Jahre waren von Optimismus geprägt, 3500 Menschen wurden behandelt, jedoch erfolglos. 1995 forderte dann eine hochrangige Expertenkommission in den USA, die Therapeuten sollten sich vom Krankenbett zurückziehen, und wieder ins Labor gehen. Im Jahr 2002 liefen bereits 600 genehmigte klinische Versuche, die meisten in den

USA. Durchschlagende Erfolge waren noch nicht zu verzeichnen, hingegen sind die Nebenwirkungen unkalkulierbar. Ein schockierendes Beispiel für die Ignoranz der Forscher – nachdem Motto „Das haben wir doch gar nicht gewollt, es hätte auch nicht passieren dürfen unseren Berechnungen nach" – passierte bei einer Intervention in Blutern: Das neue Erbgut tauchte drei Wochen nach der Therapie in der Samenflüssigkeit auf. Würden nämlich diese Gene tatsächlich an die Nachkommen weitergegeben, so hätten die Experimentierer *unabsichtlich* (!) in die Keimbahn eingegriffen.[46] Wir alle, Sie und ich, werden es sein, die unfreiwillig alle Folgewirkungen dieser gefährlichen Therapien ausbaden werden, vor denen die Forscher oft mutwillig die Augen verschlossen haben. Die Diktatur der Wissenschaft – sie ist längst Realität.

Mittlerweile weiß man sogar, dass Krankheiten wie Krebs und Diabetes nur geringfügig genetisch bedingt und dazu noch polygen sind, das heißt, dass neben Umwelt und Ernährung eine verwirrend hohe Anzahl an Genen einen Beitrag dazu leisten. Die genetische Wirkung der Ernährung ist dabei generell so gut wie überhaupt nicht erforscht. Für den Transport von Fetten durch das Blut beispielsweise sind über zwanzig Gene zuständig; wird dieses Zusammenspiel gestört, so ist der gesamt Stoffwechsel in Mitleidenschaft gezogen und das führt zu weiteren Symptomen.[47] Man kann zwar feststellen, ob Krebsgene, wie das BRCA1 oder BRCA2, vorhanden sind, aber damit ist noch nichts über die Genregulation ausgesagt. Die Krankheit muss nicht ausbrechen und tut es auch oft nicht.[48]

Keine einzige Gentherapie hat offensichtlich bisher die Hürde der klinischen Teststadien erfolgreich überwinden können. Das menschliche Immunsystem wurde über Jahrtausende darin geschult, fremde oder durch Mutation entartete Gene zu erkennen und zu eliminieren. Unser komplexes und hervorragend eingespieltes Immunsystem erwies sich bisher als mounteveresthoch überlegen. Keine Methode konnte bisher entwickelt werde, Gene gezielt und nachhaltig an den dafür vorgesehenen Stellen zu platzieren. Es ist sehr beruhigend, aber gleichzeitig auch nicht weiter verwunderlich, dass die realen Forschritte der Genforscher weit hinter ihren blumigen Versprechungen zurückbleiben. Und es ist der ganzen Menschheit zu wünschen, dass das auch weiterhin so bleibt. „Es ist keine Simplifizierung, sondern ein grundlegender Irrtum, wenn wir von einem Gen *für* eine bestimmte Eigenschaft oder *für* ein bestimmtes Verhalten sprechen“, hebelt Stephen J. Gould, Biologe an der Harvard Universität, die naiven Hoffnungen vieler Menschen und Forscher aus. Auch die meisten Krankheiten lassen sich nicht eindeutig einem Gen zuordnen, meist sind zahlreiche andere Gene mitbeteiligt und Gene stehen auch unter der Kontrolle anderer Gene. Er schreibt weiter: „Alle zusammen sind Bestandteil einer ganzen Kaskade biochemischer Prozesse, die vielfach rückgekoppelt sind.“[49]

Viel wichtiger wären Forschungen darüber, welche Faktoren es sind, die solche negativen Gene daran hindern können, aktiv zu werden. Ich wette, solche Forschungen würden uns dann wieder zu Lebensstil, Ernährung, Stress und toxischer Belastung führen - und das wissen wir auch heute, *ohne* teure Gentests bereits. Selbst wenn unsere Gene ausgetauscht werden könnten, so hätten die Forscher dennoch keinen Einfluss auf die Umwelt. Doch diese ist die Hauptdeterminante für unsere Gene. Umwelt aktiviert Gene. Umwelt schädigt Gene. Und die Umwelt wird immer schlechter und toxischer.

Ich wiederhole meine Frage: Lauert hier nicht absehbar eine neue, riesenhafte Büchse der Pandora? Sollten wir diese nicht doch lieber geschlossen halten? Denn das alles ist kein Spiel mehr. Die Chemie und Pharmazie konnte unsere Gesundheit nicht verbessern. Das Gegenteil ist der Fall, wie wir an den steigenden Krankheitsraten sehen. Die Gentechnologie wird es ebenfalls nicht nachhaltig können. Wenn es nur um unsere Generation ginge, könnte man das genetische Roulette vielleicht noch tolerieren. Aber es geht um unsere Kinder. Es geht um unsere Enkel ...

Wir werden immer kränker gemacht

Es ist herrlich, eine lange Kette von aufgestellten Dominosteinen vor sich zu haben, den ersten anzutippen und dann zu sehen und zu hören, wie die Kettenreaktion zielsicher abläuft, bis der letzte Stein umfällt. Domino *spielen* macht Spaß. Domino *sein* hingegen nicht.

Heutzutage sind aber alle von uns kleine Dominosteine, die von außen stehenden Akteuren in Gang gesetzte Kettenreaktionen durchmachen müssen. Und wir fallen um, im wahrsten Sinne des Wortes. Die Kettenreaktionen laufen auch hier in uns ab, mit zielsicherer Dynamik. Leider bleibt uns wegen der Komplexität der metabolischen Dominointeraktionen die diesem Spiel innewohnende Logik verborgen.

Wir haben bereits gesehen, dass wir die Krankheiten falsch angehen. Eine falsche theoretische Fundierung führt unweigerlich zu einem falschen praktischen Handeln, einem der Hauptgründe für das exponentielle Ansteigen von Krankheiten in unseren Tagen. Bei iatrogenen Krankheiten handelt es sich um neue, durch die Krankheitsbehandlung selbst entstandene Symptome, die sich zu unseren alten Beschwerden hinzu gesellen oder diese ersetzen. Klarer wird dieser Begriff durch die griechische Wurzel: *iatros* heißt *Arzt; iatrogen* bezeichnet also Krankheiten, die durch Ärzte selbst verursacht wurden. Wenn zum Beispiel ein Kind bei jeder Kleinigkeit und zu oft Antibiotika bekommen hat, ist es oft sehr infektanfällig, neigt zu Allergien oder schlimmeren Krankheiten wie Bronchitis und Lungenentzündungen. Diese Krankheiten wären iatrogene, durch die Behandlung bzw. durch die Antibiotika provozierte Folgekrankheiten. Genauso gehören Impfschäden dazu, von denen es weit mehr gibt, als man annimmt. Auch die Symptome, die durch falsche Arzneimittelgaben entstehen, zählen zu den iatrogenen Krankheiten. Aktuell ist die Zahl der iatrogenen Krankheiten bereits enorm hoch, jedoch fällt manchmal die Abgrenzung zu anderen Krankheiten schwer, da sie zeitversetzt auftreten können.

In den USA kommen laut einer Studie der Harvard Universität, die als bislang umfassendste zu diesem Problem gilt, rund eine Million Menschen jährlich durch ärztliches Tun zu Schaden. Die geschätzt aus Diagnose- und Therapiefehlern resultierenden Todesfälle belaufen sich auf fast hunderttausend pro Jahr. Auf Deutschland umgerechnet ergäbe sich eine Gesamtschadenszahl von zirka 300.000 Fällen pro Jahr und 30.000 behandlungsbedingten Todesfällen pro Jahr. Vier von hundert Patienten ziehen sich dabei im Krankenhaus ein Leiden zu, das sie vorher nicht hatten.[50] Zu offiziellen Zahlen wird man leider nicht gelangen können, da aus Angst vor Strafen oder Haftung die Neigung zur Vertuschung seitens der „Täter“ extrem groß ist. Auch klagen sich Ärzte untereinander nur extrem selten an, selbst wenn der Kunstfehler offen zu Tage liegt.

Aufschluss über die hohe Dunkelziffer gibt zum Beispiel eine Untersuchung von US-Forschern. Anhand von Autopsieserien auf fünf Jahrzehnten verglichen sie bei 50.000 Patienten die klinische Diagnostik mit der nach dem Tod des Patienten festgestellten Krankheit. Wahrhaft erschütternd war das Ergebnis: im Jahr 1930 erkannten noch 73 von 100 Ärzten ein Magenkarzinom, fünfzig Jahre später waren es nur noch 61. Auch bei Leber-, Gallen- und Lungenkrebs verschlechterte sich die Qualität der Diagnosen entsprechend. Nur Herzerkrankungen werden in unseren Tagen besser erkannt: immerhin 70 Prozent der Diagnosen stellen sich auch nach dem

Ableben als richtig heraus, während es hier 1930 nur 47 Prozent waren. Selbst bei einer, wie man meinen sollte, simplen Blindarmdiagnose zeigen sich 15 Prozent der Fälle als blinder Alarm, so dass auch heute noch mit all den raffinierten technischen Hilfsmitteln, über die die Ärzte verfügen, oft operiert wird, obwohl gar nicht der Appendix der Auslöser der Symptome war.[51] Aufschluss über die Dunkelziffer geben auch Einzelfälle, die man hochrechnen kann und sollte. Zum Beispiel wurden in der Stadt Görlitz im Jahr 1987 alle Verstorbenen obduziert. Bei einem Drittel der Toten fanden die Pathologen eine andere Grundkrankheit als die, die im Totenschein vom Arzt eingetragen worden war.

Immerhin gibt es Schlichtungsstellen für Behandlungsfehler, bei denen pro Jahr zirka 10.000 Anträge eingehen.[52] Das ist jedoch nur die Spitze des Eisberges, denn viele Patienten merken in ihrem Glauben an den Halbgott in Weiß gar nicht, dass sie falsch behandelt wurden, ja kommen noch nicht einmal auf den Gedanken, dass es überhaupt Fehlbehandlungen geben könnte. Auch der Bremer Medizinkritiker und Korruptionsgegner Professor Peter Schönhofer prangert die Fehlbehandlungen in Deutschland an. Seinen Angaben zufolge hätten wir rund 200.000 gravierende Medikamentenvergiftungen pro Jahr und rund 20.000 Behandlungstote. Auch in Norwegen wunderte sich ein Forscherteam um Just Ebbesen im Zentralen Klinikum Akershus in Oslo über die enorme Menge verordneter Mittel. Von 732 verstorbenen Patienten der Abteilung Innere Medizin hatten 202 kurz vor ihrem Tod zwölf oder mehr Arzneimittel parallel verabreicht bekommen. Bei 133 Toten – das entsprach 18,2 Prozent der Verstorbenen - lies sich die Todesursache auf die Reaktionen der Medikamente zurückführen.[53]

Wie unschwer zu erkennen ist, bestehen viele dieser Fehler aus falschen Arzneimittelgaben. In der *Berliner Altersstudie* von 1999 berichtet das deutsche Wissenschaftlerteam, dass 96

Prozent der über 70jährigen ständig Arzneimittel einnehmen, durchschnittlich sechs verschiedene Medikamente pro Tag. Ein Fünftel, genau 21 Prozent, dieser Gruppe war im vergangenen Jahr mindestens einmal im Krankenhaus.[54] Doch auch diese Wechsel- und Nebenwirkungen von Medikamenten sind in der Medizin ein blinder Fleck. Viele Menschen, darunter vor allem viele Alte, werden gleichzeitig auf verschiedene Krankheiten behandelt wie zum Beispiel Typ-2-Diabetes, Bluthochdruck und Demenz. Doch gerade Fachärzte therapieren noch immer die einzelnen Organprobleme - ein ganzheitliches Leidensbild und ein ganzheitlicher Therapieansatz fehlen fast gänzlich. Vor allem bei Beruhigungsmitteln und sonstigen Psychopharmaka ist ein inflationärer Gebrauch festzustellen.

Aber auch andere „Bräuche“ schwächen unsere Gesundheit, können sogar Gewebedegenerationen und genetische Veränderungen nach sich ziehen. Ein weiteres Beispiel für das ungesunde Vorgehen des Medizinapparates auf unsere Kosten beschreibt Günter Kaufmann, Präsident der Deutschen Röntgengesellschaft: 800 Millionen Mark könnten jährlich eingespart werden, wenn Mediziner in Deutschland weniger Röntgenuntersuchungen anordneten. Auf sage und schreibe 50 Millionen Röntgenuntersuchungen pro Jahr könne verzichtet werden, ohne die Behandlungserfolge in Frage zu stellen. Der US-amerikanische Arzt Dr. Robert S. Mendelsohn schreibt sogar, dass die Zahl der Todesfälle, die direkt auf Röntgenuntersuchungen zurückzuführen sind, sich pro Jahr in den USA auf ca. 4000 belaufen.[55] Eine Kleinigkeit? Die Ursachen liegen in mangelnder Organisation und in finanziellen Problemen: Denn die Ärzte arbeiten zu wenig zusammen, nutzen bereits vorhandene Erkenntnisse über den Patienten zu wenig oder gar nicht, und wollen natürlich, ganz unternehmerisch und gar nicht gesundheitlich denkend, dass sich die teuer angeschafften Praxisgeräte amortisieren. Also wird lieber einmal zuviel geröntgt, als einmal zu wenig. Diesmal eben auf *unsere* gesundheitlichen und monetären Kosten. Dieser Sachverhalt ist beileibe keine Bagatelle, vor allem, da bekannt ist, dass es einfach keine ungefährliche Strahlendosis gibt, dass es sogar gerade schwache Strahlung ist, die Gewebedegenerationen und Krebs auslösen können. Außerdem wissen wir, dass die Strahlungen im Körper kumulieren, das Stichwort hierzu heißt Arndt-Schulz-Gesetz.

Die iatrogenen Krankheiten hängen eng mit der Vikariation zusammen. Der Pschyrembel bringt dieses Wort noch nicht einmal und kann es daher auch nicht erklären. Die Schulmediziner kennen dieses Wort und den dahinter liegenden Sachverhalt meist nicht. Im Pschyrembel, *dem* maßgeblichen medizinischen Wörterbuch steht zwar das entsprechende Adjektiv „vikariierend“, wird aber nur sehr spärlich erklärt mit „(lat. vicarius Stellvertreter): vicarius, stellvertretend.“

Mit keinem Wort wird aber erwähnt, welch *überragenden* medizinischen Einfluss dieser Sachverhalt auf die heutige Krankheitslage hat. Dagegen kennen viele alternative Heiler dieses Wort oder zumindest den dahinter liegenden Sachverhalt. Vikariation ist ein medizinischer Begriff, der offiziell jedoch ignoriert wurde, und meint den Übergang von einer Erkrankungsphase in die nächste, solange eine homotoxische Einwirkung besteht. In diesem Sinne geht der Begriff unter anderem auf Dr. med. Hans-Heinrich Reckeweg zurück, der von 1905 bis1985 lebte. Dieser hervorragende und scharf beobachtende Arzt hat das Konzept der Homotoxikologie entwickelt bzw. wieder entdeckt.

Zum Beispiel kann bei der Arsenvergiftung verfolgt werden, dass ein Gift, in der Terminologie Reckewegs als „Homotoxin“ bezeichnet, bei anhaltender Einwirkung von einer Erkrankung in die nächste führt. Die Vikariation wird bei fortschreitender

Erkrankung als progressiv und bei Rückführung als regressiv bezeichnet.

Doch in unseren Tagen bekommt die Vikariation meiner Ansicht nach noch unter anderen Aspekten eine viel gefährlichere Bedeutung. Medikamente müssen als Homotoxine angesehen werden, was unschwer an ihren Nebenwirkungen gemessen werden kann. Der Organismus ist noch nicht einmal mehr fähig, mit den alltäglichen Noxen wie Konservierungsstoffen, Farbstoffen, Tensiden, Umweltgiften, etc. fertig zu werden und wird zusätzlich auch noch von frühestem Babyalter an, Homotoxinen und Giften ausgesetzt, die in Form von Impfungen, Antibiotika und vielem mehr, verabreicht werden. Der Organismus ist aus Gründen seiner eigenen Funktionsfähigkeit jedoch immer bestrebt, die toxische Belastung möglichst niedrig zu halten, was er über Ausscheidung und-oder Ablagerung zu erreichen sucht. Stellt man nun einem solchen Ausscheidungsversuch, wie zum Beispiel einer Erkältung, wir nehmen jetzt einfach an, eine Erkältung wäre wirklich ein Ausscheidungsversuch, anstatt ihn mit natürlichen Mitteln zu forcieren und damit paradoxerweise schon abzuschwächen, eine zusätzlich toxische Belastung, zum Beispiel durch Antibiotikagabe, gegenüber, so kapituliert der Körper oft erst einmal kurzfristig und die Symptome verschwinden. Dadurch fühlen wir uns wieder gesund.

Jetzt hat der Organismus aber die Aufgabe, zusätzlich zu den alten Toxinen, die er eigentlich ausscheiden wollte, noch die neu hinzu gekommenen auszuscheiden. Das heißt, der nächste Ausscheidungsversuch *muss* nun heftiger werden, da es mehr auszuscheiden gibt. Das nächste Krankheitsbild könnte zum Beispiel dann, nach einigen Wochen oder Monaten - statt einer normalen Erkältung - eine Bronchitis mit Fieber sein. Wird hier wie im ersten Falle vorgegangen, so kann man sich vorstellen, wohin das führen wird. Wir schaukeln und in immer schwerwiegendere Stellvertreterkrankheiten hinein, solange bis der Körper nur noch über innere Ablagerung und Zellentartung reagieren kann, weil wir im alle Wege abgeschnitten haben, seine Toxine nach außen loszuwerden. In diese Argumentation passen sogar aktuelle Forschungsergebnisse: So haben sogar deutsche Krensexperten in Heidelberg herausgefunden, dass ein Mensch, der mehr als drei normale banale fieberhafte Infekte pro Jahr hat, ein fünffach *geringeres* Risiko hat, an Krebs zu erkranken.[56] Die Konsequenz daraus wäre folgenden: Das Falscheste, was wir demnach für die eigene langfristige Gesundheit tun können, wäre es, solche Infekte medikamentös zu unterbinden.

Das ist altes Gesundheitswissen. Um nicht zu sagen, antikes und hippokratisches Gesundheitswissen. Alle großen Heiler und alle guten Ärzte haben das immer gewusst bzw. geahnt. Wir brauchen wieder Ärzte, die die Sprache der Symptome verstehen. Wir brauchen keine Mediziner mehr, die Angst vor Symptomen und damit vor Krankheiten haben und sie aus dieser Angst heraus möglichst schnell eliminieren möchten, indem sie Mittel verschreiben, die stark genug sind, die Symptome von heute auf morgen zu vertreiben. Die aber die Ursachen nicht einmal antasten, sondern sie noch verstärken. Denn auch wenn das Symptom verschwindet, so bleibt doch die Ursache weiter bestehen und wirkt weiter. In und durch die Prozesse der Vikariation.

Dieses Phänomen *müssen* wir verstehen lernen, da es in seiner Wichtigkeit für unsere Gesundheit und damit für unsere Lebenserwartung kaum zu überbieten ist. Die heutige Medizin und damit die meisten Ärzte, haben sich auf Symptombehandlung festgelegt.

Doch was ist ein Symptom? Einfach gesagt ist ein Symptom nämlich nichts weiter als ein Indiz. Deswegen lassen Sie uns kurz einen Ausflug in die Kriminalistik und in die

Wissenschaftstheorie machen. Was ist ein Indiz und was ist ein Indizienbeweis? Die Sonne bewegt aus unserer Sicht zum Beispiel sich am Himmel, das sieht jedes Kind. Das ist ein Indiz. Das Wort Indiz kommt von lateinisch *indicare* was ‚hinweisen auf' bedeutet. Jedes Indiz ist eine Art Finger, der auf etwas zeigt. Falsch ist es jedoch oft, aus diesem Fingerzeig einen Schluss zu ziehen, der die direkteste und kürzeste Entfernung zum Indiz hat. Solche Schnell-Schlüsse sind in komplexen Systemen meist falsch. Ein Schnell-Schluss, der durch die vermeintlichen Sonnenbewegung entstand und Jahrhunderte lang nicht hinterfragt wurde und werden durfte, war die Erkenntnis: Die Sonne muss sich deswegen um die Erde drehen. Dieser Schluss kam durch einen Indizienbeweis zustande. Ein Indiz darf uns jedoch immer *nur* zu Fragen führen, *nie* gleich zu Schussfolgerungen. Die Fragen, die wir uns auf Grund der Existenz eines Indizes stellen müssen, sind folgende: Warum gibt es dieses Indiz? Was alles kann es bedeuten? Welche verdeckten Bedeutungen könnte es haben? Gibt es ergänzende Indizien? Was wären die direkten Schlussfolgerungen? Welche möglichen Schlussfolgerungen gäbe es noch? Welche exotischen Schlussfolgerungen gäbe es?

In der Medizin wird ein anderes Wort für Indiz verwendet, hier spricht man wie gesagt von Symptomen. Leider ist die medizinische Wissenschaft von solchen auf Indizien begründeten, direkten und kurzfristigen Schlussfolgerungen geprägt. Für Medikamente gibt es kaum Langzeitstudien, das heißt, wir Patienten selbst werden zum Versuchskaninchen. Noch weniger wird die Wirkung von Medikamenten über mehrere Generationen hinweg, also epigenetisch getestet, um genetische Deformationen auszuschließen. Zum Beispiel ist keine einzige Langzeitstudie bekannt, also eine Studie, die über Jahre, über Jahrzehnte und über Generationen hinweg, die Auswirkungen des Impfens untersucht. Das Impfen als medizinische

Intervention grundsätzlich zu untersuchen wäre deswegen so wichtig, weil es wohl die altersmäßig früheste massive Medikalisierung darstellt, die zudem noch zu einem Zeitpunkt erfolgt, in dem das Immunsystem des Babys noch unausgebildet ist und gleichzeitig die größte Immunschranke in Form unserer Schleimhäute völlig umgeht. Des Weiteren enthalten Impfungen zumeist Fremdeiweiße von Tieren und sonstige artfremde Stoffe. Bis zum Alter von sieben Jahren sollen unseren Impfpässen nach 13 Impfungen vorgenommen werden, darunter fünf Dreifachimpfungen, die von Impfgegnern als besonders gefährlich eingestuft werden.

Es gibt also weder eine Studie, die zwei Kontrollgruppen über einen Zeitraum von einigen Jahrzehnten verfolgen würde, um eventuell langfristig negative Wirkungen von Einzel- und Mehrfachimpfungen heraus zu finden, noch gibt es Generationen übergreifende kontrastive Untersuchungen. Und trotzdem spritzen wir munter weiter und die Zahl der empfohlenen Impfungen, damit auch die der Impfstoffe, steigt explosionsartig an. Impfungen stellen einen Versuch der Überwindung des Immunsystems dar mit Hilfe der pharmazeutisch-chemischen Keule. Sogar unter Medizinern ist die allgemeine Impfpraxis zunehmen umstritten. Ärzte stellen auch die Bevölkerungsgruppe dar, die ihre eigenen Kinder am wenigsten oft impfen lässt. Auf dem Schweizer Impfkongress im Jahr 2000 in Fribourg formuliert es der Berner Facharzt Peter Klein so: „Seit einem halben Jahrhundert impfen wir fast allen Säuglingen dieser Welt systematisch komplexe Substanzgemische ein. Es kann niemand behaupten, er hätte einen gründlichen Überblick über die Gesamtheit der Auswirkungen dieses weltweiten Eingriffs in die menschliche Integrität.“ Peter Klein sprach auf diesem Kongress nicht nur für sich selbst und seine eigene Überzeugung, sondern vertrat in seiner Rede eine Arbeitsgruppe aus 400 impfkritischen

Schweizer Ärzten. Er plädierte leidenschaftlich für eine Abkehr von der allgemeinen Impfdoktrin, „die nur Informationen an die Öffentlichkeit lässt, die dem Ziel der 99prozentigen Durchimpfung dienen.“[57] Selbst die Weltgesundheitsorganisation WHO prüft derzeit, ob die weltweit auf Grund der eignen Empfehlungen durchgeführten Impfungen, vor allem auch in den Entwicklungsländern, nicht mehr Kinder *getötet* haben als gerettet.[58]

In der Kybernetik sind diese Fehler im Umgang mit komplexen Systemen gut bekannt, vor allem seit dem berühmt gewordenen computer-simulierten Experiment mit dem *Tanaland*, das 1975 von dem bekannten Systempsychologen Dietrich Dörner, beschrieben in seinem Buch *Logik des Misslingens*, durchgeführt wurde. Dieses hochinteressante Experiment werde ich später noch genau beschreiben, denn es enthält wichtige Lektionen für uns alle, aber vor allem für Ärzte und Wissenschaftler.

Obige Fakten bedeuten, dass zurzeit ein Massenfeldversuch läuft: Wir alle, Sie und ich, machen in diesem Moment unfreiwillige Langzeittests mit Medikamenten, Zusatzstoffen, Farbstoffen etc. wir testen sie sogar in ungeplanter und unfreiwilliger Kombination und wundern uns über unsere Symptome in Form von schweren und neuen Krankheiten! Letztlich leiden wir damit ja nur an Nebenwirkungen. Diese Kumulation von Effekten, - die aus unserer schlechten normalen Ernährung, aus den zahlreichen künstlichen Stoffen darin *und* den zusätzlichen Giften aus Kosmetika, Putzmitteln, Medikamenten, Smog, *und* weiterer gesundheitlich negativ wirkenden Umstände wie Strahlung, Elektrosmog etc. resultiert, - zieht uns in Krankheitsbilder hinein, die weder für Fachleute noch für Laien mehr durchschaubar und kausal rückführbar sein werden. Denn die Krankheiten werden zunehmend multikausal und multikomplex. Wer hier nicht wirklich genau weiß, was

Gesundheit ist und wo immer noch die natürlichen und systemischen Stellschrauben liegen, wird an diesen Krankheiten scheitern, verzweifeln oder gar sterben. Wir alle sind längst zu einem Dominosteinchen geworden, zur Marionette, die mit unsichtbaren Fäden, von unsichtbaren Effekten, Mächten, Menschen und Mitteln gesteuert und manipuliert wird.

Der Hauptgrund für Vikariation und auch für das Entstehen der iatrogenen Krankheiten liegt in dem mangelnden Wissen über komplexe Systeme. Dieses Wissen fehlt leider bei vielen Medizinern, Forschern, Wissenschaftlern, Politikern und Managern. Für komplexe Probleme werden von diesen Menschen daher nur punktuelle Lösungen gesucht und auch gefunden: Das passende Medikament für eine bestimmte Krankheit, die Lösung einer Umsatzschwäche durch ein neues Marketingkonzept, die Optimierung einer Verkehrssituation durch eine weitere Straße, Werbemaßnahmen für die Belebung des Tourismus, das alles sind oft punktuelle Maßnahmen. Diese einzelnen kurativen Maßnahmen werden dann auf Biegen und Brechen in komplexe Systeme wie den menschlichen Körper, eine Firma, eine Stadt, eine Region, ein Land etc. gepresst, und man wundert sich danach womöglich, dass die erhofften positiven Effekte ausbleiben und sich anstatt dessen die negativen verstärken oder neue negative Auswirkungen entstehen. Der Grund ist überall derselbe: Mangelndes systemisches Denken. Denn die Ära des logischen Denkens ist längst vorbei. Wir müssen lernen, Komplexität zu managen. Dazu reicht Logik nicht mehr aus, dazu brauchen wir Systemik.

Wie kann es sonst sein, dass Fluorkohlenwasserstoffe, die die Ozonschicht massiv zerstören, jahrzehntelang für harmlos gehalten wurden? Sie waren äußerst stabil und man hatte keine Kenntnis über die Atmosphärenchemie, also waren sie logischerweise ungefährlich. Doch sie waren von Anfang an *artungerecht*. Das durch die Nutzung dieser Substanzen in Gang gesetzte industrielle Großexperiment brachte diese so stark in Umlauf, dass eine Umkehrung *nach* Erkennen der Schädlichkeit nicht mehr möglich war.

Mit purer Logik scheitern wir also überall dort, wo es nicht um Monokausalitäten geht. Die Logik, die von der direkten Wenn-Dann-Relation lebt, wirkt sogar in komplexen Systemen schädigend. Warum sollte es zum Beispiel nicht gut sein, bei einer Erkältung Antibiotika einzunehmen, wo doch sofort alle Symptome danach verschwinden? Die lineare Logik sagt uns, dass dies doch gut *sei*, denn man *fühlt* sich danach wieder gesund, die Symptome sind weg. Systemisch ist diese Intervention falsch, da durch sie Systeme geschädigt werden, die für unsere langfristige Gesundheit unendlich wichtig sind, wie zum Beispiel die Darmflora. Beziehen wir die Artgerechtigkeit mit ein, ist es systemisch gesehen ebenfalls ein Fehler, denn die Natur kennt keine isolierten Antibiotika. Darauf sind wir systemisch nicht angepasst. Sehr wohl kennt sie aber pflanzenimmanente Stoffe, die antibiotisch wirken wie zum Beispiel ätherische Öle. Essen wir diese Pflanzen frisch und ungekocht, so intervenieren wir artgerecht, der Körper kann diese dadurch verwerten und integrieren. Sie unterstützen seine Systeme, obwohl die Behandlung und das Verschwinden unserer Symptome oft etwas länger dauert. Warum benutzen wir dann nicht diese unschädlicheren Methoden? Leider ist hauptsächlich hier Angst unser Gegenspieler. Denn was ist, wenn die Pflanzen nun gerade bei mir doch nicht wirken? Dabei vergessen wir leider, dass uns das auch bei jedem Medikament passieren kann, aber seltsamerweise hat man uns auf medialen Wegen so geprägt, dass wir Künstlichem mittlerweile mehr vertrauen als Natürlichem.

Wollen wir also unsere Gesundheit in den Griff bekommen, und damit unserer Lebenserwartung doch noch eine Chance lassen, dann müssen wir uns systemische Logik aneignen und entsprechend handeln lernen. Erarbeiten wir uns nun dafür die Grundlagen.

Weitere Denkansätze

Warum die Menschen auch früher alt wurden

Die Lebenserwartungen in den früheren Jahrhunderten und Jahrtausenden war nicht so schlecht, wie wir meist undifferenziert annehmen. Wir sollten nicht vergessen, dass die Zahlen, die wir heute über weit zurück liegende Lebenserwartungen präsentiert bekommen, alles andere als gesichert sind. Es sind Schätzungen, die sich aus verschiedenen historischen Quellen speisen und aus Knochenfunden der Archäologen abgeleitet werden. Wirklich valide Zahlen und Erhebungen für die Errechnung einer verlässlichen durchschnittlichen Lebenserwartung in einzelnen Ländern existieren erst seit dem Ende des 19. Jahrhunderts! Der renommierten englische Epidemiologe Professor McKeown schreibt in seinem Buch über die Ursprünge menschlicher Krankheiten *The origins of human disease*, dass nur in einigen wenigen Ländern Geburts- und Sterberaten bereits etwas früher erfasst wurden. Zum Beispiel wurde in Schweden ab dem Jahr 1749, in Frankreich ab 1800, in England und Wales ab 1838, in Irland ab 1871 genau erfasst. Deswegen betrachten die Professoren Vaupel und Oeppen auch nur die Lebenserwartungen von 1840 bis heute. Langsam werden die roten Linien und Zusammenhänge sichtbar, nicht wahr? Darüber hinaus müsste man natürlich die Qualität der damaligen Erfassung betrachten. Die Arbeiten des englischen historischen Demographen, Lebenserwartungsforschers und ebenso Gesundheitsforschers Professor Thomas McKeown geben auch in anderen Themen rund um Lebenserwartung interessante Aufschlüsse.

Dass wir keine bzw. kaum valide historische Daten haben, daran sollten wir also immer denken, wenn wir historische

Lebenserwartungen und Hochrechnungen sehen oder hören. Zum Beispiel gibt das BIB höchst selbst in seiner Broschüre *Bevölkerung: Fakten-Trends-Ursachen-Erwartungen* von Mai 2000 folgendes Statement ab: „Ein individuell erreichtes Lebensalter von 90 oder gar 100 und mehr Jahren ist heutzutage keine Seltenheit mehr. Aber auch bereits vor einem Jahrhundert und früher war die Erreichbarkeit dieses Alters gegeben. Immerhin weist die Sterbetafel von 1891/1900 des Kaiserlichen Statistischen Amtes für 90-jährige Männer eine durchschnittliche fernere Lebenserwartung von 2,23 Jahren aus ... Rund hundert Jahre später, nach der neuesten Sterbetafel des Statistischen Bundesamtes von 1996/1998, scheint die fernere Lebenserwartung für einen derzeit 90-jährigen Mann in Deutschland *vergleichsweise gering* auf 3,82 Jahre gestiegen zu sein.“ (kursiv durch die Autorin)

Lassen wir uns von den öffentlichen Zahlen nicht irreführen und achten wir einmal bei den frühen Berühmtheiten, die uns in den Büchern begegnen, darauf, wie alt diese geworden sind! Meinen Sie nicht auch, das hier irgendetwas kann nicht stimmen kann? Jedoch gab es nicht nur einzelne Menschen, die so alt wurden, es gab sogar ganze Populationen, die noch weitaus höhere Altersklassen erreichten, als die Menschen in unserer heutigen Zeit. Menschen, die in einigermaßen gesicherten Lebensverhältnissen lebten, mit relativem Reichtum und daher ausreichender Ernährung sowie nicht zu harter und ausbeuterischer Arbeit, konnten immer alt werden und wurden es auch. Diejenigen, die über Gesundheit Bescheid wussten, wurden ebenfalls alt, trotz oder gerade weil es keine Chemie und Pharmazie in unseren heutigen Ausmaßen gab. Zum Beispiel wurde Hildegard von Bingen über 80 Jahre alt, und das im 12. Jahrhundert. Hippokrates, der sogar noch in vorchristlicher Zeit lebte, in der die Menschen laut heute herrschender

Expertenmeinung im Durchschnitt zirka 30 Jahre alt geworden sein sollen, wurde ebenfalls 85 Jahre alt.

Weitere Menschen aus frühen Zeiten, denen wir heute historisch eine Lebenserwartung von maximal 35 Jahren „zubilligen", wurden sehr alt, wie zum Beispiel:

Pythagoras, lebte ca. 580-500 v. Chr. und wurde ca. 80 Jahre alt

Demokrit, der Naturphilosoph, lebte um 460-370 v. Chr. und wurde um die 90 Jahre alt

Galen, der berühmt Arzt und Philosoph, lebte von 121 bis ca. 199, wurde also 78 Jahre alt

der heilige Augustinus, der größte lateinische Kirchenlehrer des christlichen Altertums, lebte von 354-430, wurde also 76 Jahre alt

Albertus Magnus, Theologe und Naturforscher, lebte von 1193 bis 1280 und wurde so 87 Jahre alt

Galileo Galilei, Physiker, Mathematiker und Astronom, lebte von 1564-1642 und wurde somit 76 Jahre alt

Sir Isaac Newton, der geniale Physiker, Mathematiker und Chemiker, lebte von 1642 – 1727 und wurde somit 85 Jahre alt

Matthias Claudius, Dichter, lebte 1740-1815, wurde also 75 Jahre alt

Goethe wurde 83 Jahre alt. Kant wurde 80 Jahre alt, Schopenhauer wurde 72 Jahre alt, Friedrich Rückert wurde 78 Jahre alt.

Mit einer solchen Liste von Menschen, die Jahrtausende und Jahrhunderte vor uns gelebt haben und in einem hohen Alter gestorben sind, könnte man ein ganzes Buch füllen. Dem entgegen steht die heutige Ansicht, dass um diese Zeit die

Lebenserwartung bei zirka 30 bis 40 Jahren lag! Zum Beispiel schreibt im Jahr 2003 die österreichische Zeitschrift *ÄrzteWoche,* dass die durchschnittliche Lebenserwartung um die Zeitenwende etwa 23 Jahre betrug.[60] Von da aus lässt sich natürlich wunderbar hochrechnen bis zu unseren heutigen 80 Jahren, und alles sieht so aus, als ob das alles nur durch Industrialisierung, Chemisierung und Medikamentisierung möglich wurde.

Der Grund, weshalb wahrscheinlich weniger Menschen früher dieses Alter erreichen konnten, war zum einen die fehlende Qualität und Quantität der Nahrung, die mangelnde Sauberkeit und die hohe Kinder- und Müttersterblichkeit. Auch hier muss man jedoch die Frage stellen, warum diese hoch war. Sie war vor allem hoch in den städtischen Krankenhäusern, deren Verhältnisse an Kloaken erinnerten. Hierzu sollte man die Geschichte des Arztes Ignaz Semmelweis kennen, der sich dagegen erhoben hatte und am Widerstand der „wissenschaftlichen“ Kollegen scheiterte.

Ein einziger Gegenbeweis genügt

In den Naturwissenschaften gilt der Grundsatz, dass eine Theorie oder These alle bis dahin bekannten Phänomene dazu erklären können muss. Jedenfalls darf kein bekanntes Phänomen im offensichtlichen Widerspruch zur These stehen. Wäre das der Fall, würde man von dieser These sehr schnell Abstand nehmen oder sie zumindest sehr eingeschränkt und mit Vorbehalt verwenden. Das heißt, ein einziges gegenläufiges Experiment, eine einzige gegenteilige Beobachtung genügt wissenschaftlich gesehen, um eine These oder darauf aufbauende Aussagen zu falsifizieren.

Für unseren Fall heißt das, dass der Nachweis einer einziger wirklich alt gewordenen Population in der antiken Welt genügt, um die wissenschaftliche Aussage, Menschen würden heute älter als je zuvor in der Vergangenheit, zu relativieren oder sogar zu eliminieren. Ebenfalls dürfte die Aussage nicht mehr getroffen werden, dass die Menschen früher sehr viel jünger starben als heute. Zu beachten ist hierbei natürlich ebenfalls, dass bei solchen Aussagen immer das Durchschnittsalter einer Population gemeint ist. Diese Tatsache ist den meisten Experten zwar bewusst, aber dass Frau Meier von nebenan das auch noch weiß, darf bezweifelt werden. Hört man also in den Medien, dass die Menschen zu Lebzeiten von Jesus nur 30 Jahre alt wurden, dann glauben Lieschen Müller und Otto Normal doch tatsächlich, dass alle damals im Alter von zirka 30 Jahren starben! Das ist, für sich genommen, schon problematisch.

Lebenserwartung wird immer an einzelnen Populationen gemessen. Eine Population kann zum Beispiel ein Volk sein. Diese Population kann dann noch weiter segmentiert werden in Unterpopulationen, wie es de facto vom BIB gemacht wird, indem es die Lebenserwartungen in Ost- und Westdeutschland gesondert errechnet oder die einzelnen Bundesländer getrennt betrachtet. Eine einzige Population, die nachweislich alt wurde, würde also genügen, um obige Aussagen mindestens zu relativieren.

Überraschend ist nun, dass es nicht nur eine Population, sondern sogar mehrere gibt, mit denen wir diesen Beweis führen können. Die Essener zum Beispiel, eine Bruderschaft in Israel, die sich rein vegetarisch und ohne Alkohol ernährten und aus denen wahrscheinlich Jesus hervorging, wurden nach den Berichten von Josephus Flavius und anderen Geschichtsschreibern durchschnittlich 120 Jahre alt! Davon sind wir heute noch weit entfernt, obwohl wir uns soviel auf unsere ach so hohe Lebenserwartung einbilden. Hier haben wir eine ganze Population mit einer Lebenserwartung, die unsere nicht nur in Jahren um Längen schlägt, sondern auch um Jahre in physischer voller Kraft! Wir würden heute sagen, Lebenserwartung ohne Beschwerden und Behinderung.

Die Essener achteten streng auf körperliche Hygiene und tägliches Baden, Ausgleich von spirituellen und körperlichen Arbeiten, aßen viel frisches Obst und Gemüse, lebten asketisch und bescheiden, fasteten regelmäßig. Sie kannten sich hervorragend in Gesundheit und Heilmethoden aus und sandten daher Heiler nach draußen in die Welt. Vielleicht ist das auch der Grund, warum Jesus der „Heiland" genannt wird. Viele andere Geschichtsschreiber, wie Plinus (Naturforscher), Philo (Geisteswissenschaftler), Solanus berichten über die bemerkenswerten Essener und beschreiben sie als „eine eigene Rasse Mensch, bemerkenswerter als jede andere auf der Welt". Sie hätten wunderbare Kräfte und Ausdauer und lebten in beständiger und unveränderlicher Heiligkeit. Viele Mönchsorden, vor allem aber die Benediktiner, die vom heiligen Benedikt gegründet und geformt wurden, nahmen die Lebensregeln der Essener auf. Ohne die Essener sind die christlichen Mönchsorden weder in Ihrer Existenz überhaupt, noch in ihrer Organisation oder in ihren frühen Regeln zu verstehen. Brauen von Bier, Weinherstellung, Völlerei und ähnliche Gepflogenheiten, welche die Ordensgründer eher als Abarten bezeichnen würden, schlichen sich erst später in die Orden ein. Noch heute, trotz Verweltlichung, gibt es das Phänomen, das Mönche und Nonnen eine höhere Lebenserwartung haben als andere Menschen.

Eine weitere historische Quelle, die Bibel, gibt an, dass das Durchschnittsalter der Population der Israeliten bei 70 bis 80 Jahren lag, und zwar bereits um zirka 1500 vor Christus. In einem von Davids Psalmen (Psalm 90,10) wird beschrieben: „Unser Leben währet siebzig Jahre, und wenns hochkommt, so sinds achtzig Jahre ..." Ich frage mich, warum wir solch vertrauenswürdigen Quellen weniger trauen sollten als unseren heutigen Forschern, die nur versuchen, zu rekonstruieren, was damals war, es aber nicht erlebt haben, und die Informationen der eigentlichen Experten, nämlich derer, die damals gelebt haben, relativieren oder gar verachten? Weil nicht sein kann, was nicht sein darf? Und wir glauben doch nicht, dass die Menschen damals nicht zählen konnten, das wäre eine allzu billige Annahme angesichts der hochstehenden frühen Kulturen wie die der Ägypter und Babylonier, von denen die Israeliten geographisch nun wirklich nicht weit entfernt waren.

Noch viel erstaunlicher und weitaus relevanter, ist die Population der Hunzas. Relevanter deswegen, weil es die Hunzas heute noch gibt. Sie sind antik, das heißt, sie sind ein altes Volk, sind aber gleichzeitig modern, insofern als sie in unsere sichtbare und messbare heutige Realität hinragen.

Die Hunzas sind ein kleines Volk, das in Nord-Pakistan im Himalaya Gebirge lebt, nahe den Grenzen zu China und Afghanistan im Hunza Valley. Die Hunzas sind relativ berühmt, weil sie von vielen Forschern und Ärzten untersucht wurden. Zu solch wissenschaftlichen Ehren kamen sie, da sie als Population zwischen 100 und 140 Jahren alt werden! Und das seit über 2000 Jahren, bis heute. Bei den Hunzas gibt es keine degenerativen Krankheiten, keinen Krebs, keine Diabetes, keine Herzkrankheiten, kurz, nichts von alledem, womit wir uns in den Kulturen der Industrieländer herumplagen. Die Kardiologen Dr. Paul D. White und Dr. Edward G. Toomey haben 25 Hunzas vor Ort untersucht und schrieben im American Heart Journal von Dezember 1994, dass diese Männer mit Sicherheit zwischen 90 und 110 Jahren alt waren. Ihr Blutdruck, ihr Cholesterinspiegel und ihr Herz waren völlig intakt und keiner hatte auch nur ein einziges Zeichen von Herzkrankheiten, hohem Blutdruck oder erhöhtem Cholesterinspiegel. Dr. Banik, ein Augenarzt versicherte, dass er einige der ältesten Hunzas untersucht hatte und ihre Augen einfach perfekt waren.

Für uns, auf der Suche nach einer langen Lebensdauer, ist nun die Frage wichtig, wie es die Hunzas bewerkstelligen, so fit so alt zu werden: Woher kommt diese Super-Gesundheit der Hunzas? Fänden wir die Antwort darauf, dann brauchten wir nur noch das zu machen, was die Hunzas machen, und das zu unterlassen, was sie nicht machen. Unterlassungen können ja in unseren Tagen weit bedeutender sein, als die Dinge, die wir aktiv tun. Wir tun ja schon vieles für unsere Gesundheit – denken wir. Wir sind sehr aktiv gesundheitlich, vielleicht zu aktiv.

Kommt die Gesundheit der Hunzas auch von den Dingen, die wir tun und die wir für unerlässlich halten, wollen wir gesund sein und bleiben? Kommt sie davon, dass sie wie unsere Kinder bis zum Teenager-Alter bis zu 20 Impfungen bekommen, Nahrungsergänzungsmittel einnehmen, Antibiotika schlucken? Sich dauernd von ihrem Arzt untersuchen lassen: Großes Blutbild, kleines Blutbild, EKG, Röntgen, Ultraschall? Jährlich zur Krebsvorsorge, Darmspiegelung oder gar Mammographie gehen? Kommt die Hunzagesundheit also von den Dingen, die wir für den Erhalt oder die Wiederherstellung unserer Gesundheit als absolut notwendig erachten?

Mitnichten. Offenbar kommt nichts Chemisches oder Denaturiertes in ihren Mund. Ihr Wasser kommt direkt von den Himalaya-Gletschern, ihre Nahrung bauen sie selbst an und zwar ohne künstliche Mittel wie Herbizide und Pestizide (welche bei den Hunzas per Gesetz verboten sein sollen). Sie essen viel frisch, täglich nehmen sie nur ca. 2000 Kilokalorien zu sich, was der Hälfte unseres Kalorieninputs entspricht, und sie essen offenbar viele Aprikosen. Sie ernähren sich von frischen, nicht industriell verarbeiteten Lebensmitteln, leben natürlich, bewegen sich viel, arbeiten körperlich hart, weitgehend ohne technische Hilfsmittel und in einer Höhe von zirka 4000 bis 5000 Metern.

Wäre es für uns nicht vielleicht an der Zeit, Gesundheitslektionen von den Hunzas zu lernen? Wären wir in dieser Weise lernfähig, wären dann auch die hohen aktuellen Prognosen zu unserer zukünftigen Lebenserwartung kein Hirngespinst. Viele Leser denken jetzt wahrscheinlich: „Na ja, die Hunzas sind weit weg und wer weiß, ob das alles so stimmt und welches die wirklichen Gründe für deren Gesundheits- und Lebenserwartungserfolge sind. Wenn das die einzige Population ist, wäre das etwas mager als Beweis!" Darauf antworte ich zum einen mit dem Hinweis, dass man sich zum Beispiel im nächsten Urlaub höchstpersönlich überzeugen könnte, ob das so stimmt. Einmal ins Hunza-Valley zu fahren wäre ein echter Bildungsurlaub mit Langzeitwirkung. Zum anderen würde ich als Antwort darauf verweisen, dass es weitere Naturvölker mit einer ähnlichen Super-Gesundheit und hohen Lebenserwartung gibt, die ohne unsere modernen Mittelchen auskommen. Zum Beispiel wären an dieser Stelle zu erwähnen die Vilcalbambas in Ecuador, oder in New Mexico die Taos Pueblo Indians, sowie einige kleine, abgeschottete Dörfer in Frankreich und anderen Ländern. Wir sehen also, es gibt mehrere Gesellschaften, also mehr als nur eine einzige Population, die mit unserer hohen durchschnittlichen Lebenserwartung mithalten können. Können wir demnach die Behauptung aufrechterhalten, dass wir die höchste Lebenserwartung seit Menschengedenken haben? Oder müssten wir uns von dieser überheblichen Aussage nicht langsam verabschieden und wieder realistisch werden?

Unbestritten jedoch ist, sogar von mir, dass heutzutage in den Industrienationen unglaublich viele Menschen in recht gesicherten Verhältnissen leben und fast jeder Zugriff auf genügend Nahrung hat, um nicht quantitativ verhungern zu müssen. Dafür „verhungern" viele von uns qualitativ, aber das dauert länger und ist ein weiterer Hauptgrund für unsere Krankheiten und die sinkende Lebenserwartung. Auch erfrieren muss heute eigentlich niemand mehr. Der bereits oben erwähnte historische Demograph Thomas McKeown aus England weist sehr überzeugend nach, dass die bei der Masse der Bevölkerung geringere Lebenserwartung in früheren Jahrhunderten, fast ausschließlich auf Nahrungsmittelknappheit beruhte. Die aus Hunger resultierenden Schwächen des Immunsystems waren die Hauptursachen für die Ausbreitung schwerer Krankheiten und Epidemien, nicht der Mangel an Medikamenten. Wo es Nahrungsmittelknappheit nicht gab, waren die Lebenserwartungen erfreulich hoch.

Ein Exkurs in die Wissenschaftstheorie

In den Wissenschaften *darf* es, wie bereits vorhin gesagt, keine Dogmen geben. Das müsste jeder Wissenschaftler wissen – und verinnerlicht haben. Denn es darf für einen echten Wissenschaftler keine Sackgassen im Denken geben, die er sich selbst auferlegt.

Karl Popper reicht uns das Handwerkszeug, für wissenschaftliche Erkenntnisse. Er hat sich unter anderem auch mit der wichtigen Frage beschäftigt, wie wir einen Irrtum erkennen und ausschalten können:

> „Durch Kritik an den Theorien und Vermutungen anderer und durch Kritik an unseren eigenen Theorien und spekulativen Lösungsversuchen."

Diese Definition ist immens wichtig, da es sich bei der These der steigenden Lebenserwartung meiner Meinung nach um einen Irrtum handelt. Wir sehen nun, was das bedeutet: Wenn wir also die steigende Lebenserwartung argumentativ attackieren können, und eine andere These oder Theorie logisch vermuten oder herleiten - oder gar beweisen - können, dann ist die These der steigenden Lebenslänge relativiert oder als Irrtum überführt. Das sagt Popper. Falsifizierung nennt er das und er fordert, dass die Wissenschaftler selbst dafür sorgen müssten, ihre Thesen der Falsifizierung auszusetzen. Einstein meinte sogar, ein jeder Forscher sollte zum Frühstück jeden Tag zuerst seine Lieblingshypothese verspeisen!

Der Vollständigkeit halber sollten wir nun auch definieren, was Kritik ist. Denn sie ist das Hauptelement, mit der man eine These aushebeln, sprich falsifizieren kann, was wir im Folgenden tun werden. Der Begriff wird abgeleitet vom griechischen Wort *kritiké,* was „Kunst der Beurteilung" bedeutet. Diese Kunst lebt davon, und vor allem im wissenschaftlichen Sinne sollte sie davon leben, zu fragen:

> Was spricht dafür, es so zu sehen?
>
> Wie könnte man es sonst noch sehen?
>
> Was spricht dagegen?

Zumindest diese letzte Frage, eigentlich sogar die letzten beiden Fragen, werden beim Thema Lebenserwartung nicht mehr gestellt. Diesen wissenschaftlichen Hauptfehler werden wir im Folgenden korrigieren.

Die Fata-Morgana der steigenden Lebenserwartung

Wir haben neben der Phantasie und Vorstellungskraft, die wir für die These der sinkenden Lebenserwartung benötigen und ohne die es definitiv nicht geht, auch ein paar Daten und Zahlen herangezogen, die Wegweiserfunktion haben. Wir haben erheblich näher hingeschaut, als das normale Menschen tun, wir haben nachgedacht und die Fakten etwas anders interpretiert - wir haben das Neuland meiner These betreten. Denn jede Zahl, die wissenschaftlich vorliegt, muss interpretiert werden, um verstanden werden zu können und um daraus Ableitungen zu treffen. Oft ist es jedoch leider so, dass aufgrund der herrschenden Lehrmeinung und des Zeitgeistes sehr einspurig interpretiert wird. Das passiert nicht aus böser Absicht heraus, sondern weil man sich eine andere Auslegung schlichtweg nicht vorstellen kann. Scheuklappeninterpretationen sozusagen. Wir setzten unsere wissenschaftliche, synthetische Phantasie jetzt dagegen.

Allein die bisher vorgetragenen Gesichtspunkte lassen überdeutlich erkennen, dass es bereits aus wissenschaftstheoretischer Sicht mehr als berechtigte Gründe gibt, die These der steigenden Lebenserwartung *massiv* in Frage zu stellen. Um eine dominierende Theorie zu stürzen, reicht die bloße Existenz von Gegenargumenten jedoch nicht aus, solange wir diese nicht bewerten können. Wir brauchen also darüber hinaus Maßstäbe, mit deren Hilfe wir erkennen können, ob die Argumente der neuen Theorie den Argumenten der alten Theorie überlegen sind. Auch hier wartet Karl Popper mit Ratschlägen auf, die uns helfen, genau das zu beurteilen. Dies sind seine Kriterien:

> Erklärt die Theorie mehr? Ist sie gründlicher überprüft worden, das heißt, hat man sie ernsthafter und kritischer

> diskutiert im Lichte von all dem, was wir wissen? Von allen möglichen Einwänden? Von allen Beobachtungen und experimentellen Untersuchungen, die wir entwerfen konnten, um die Theorie zu kritisieren und sie, wenn möglich, zu widerlegen?

Für die Theorie der sinkenden Lebenserwartung haben Sie dieses Buch, in dem wir uns den Hintergrund der Theorie gemeinsam erarbeiten. Es ist sicher nicht vollständig, es gibt noch tausende von Einzeldaten und Beweisen und sicherlich auch noch einige Gegenargumente. Denn mir geht es hier nur um die großen Linien. Was aber gibt es für die positive Annahme der steigenden Lebenserwartung?

Fassen wir nun zusammen: Wir haben zwei Thesen, die wir einander gegenüberstellen. Spätestens am Ende dieses Buches sollten wir in der Lage sein, uns für eine von beiden zu entscheiden. Folgende Maßstäbe haben wir bereits zur Verfügung: die Falsifikation durch die Kunst der Beurteilung mit den drei Fragen und die Kriterien Poppers.

Umfassender und damit wichtiger sind jedoch die neun Thesen, in denen Popper seine Erkenntnistheorie zusammenfasst. Diese neun Thesen könnte man auch als ultimativen Verhaltenskodex für jeden echten Wissenschaftler auffassen. Sie sollten in großen Lettern und in Gold gerahmt im Labor oder Büro eines jeden Geistes- und Naturwissenschaftlers hängen. Ich kürze sie ein wenig, um sie verständlicher zu machen, lasse ihnen aber die Worte und die Sprache Poppers. Wer sie ausführlich nachlesen möchte, kann das tun in seinem *Lesebuch*: [62]

1. Es gibt keine letzten Quellen der Erkenntnis. Jede Quelle, jede Anregung ist uns willkommen.
2. Die Fragen der Wissenschaftslehre haben mit Quellen eigentlich nichts zu tun. Was wir fragen, ist vielmehr,

ob eine Behauptung *wahr* ist – das heißt, ob sie mit den Tatsachen übereinstimmt.

3. Eine der häufigsten Methoden ist, zu prüfen, ob zwischen unseren Theorien und unseren Beobachtungen kein Widerspruch besteht.
4. Die Tradition ist – abgesehen von Wissen, das uns angeboren ist – bei Weitem die wichtigste Quelle unseres Wissens, sowohl in quantitativer als auch qualitativer Hinsicht. (mit Tradition bezeichnet er im ganz weiten Sinne andere Menschen, die uns etwas „erzählt“ haben)
5. Ohne Tradition wäre keine Erkenntnis möglich. Aber kein noch so kleiner Teil unseres überlieferten Wissens ist davor gefeit, kritisch untersucht und gegebenenfalls umgestoßen zu werden.
6. Die Tragweite einer Entdeckung hängt davon ab, ob wir durch sie in den Stand versetzt werden, bestehende Theorien zu modifizieren (oder gar zu ersetzen? Anm. der Autorin)
7. Klarheit und Deutlichkeit sind keine Kriterien der Wahrheit. Aber Unklarheit und Verworrenheit können wohl Anzeichen des Irrtums sein. Mangel an Folgerichtigkeit und Selbstwiderspruch sind sichere Anzeichen des Irrtums.
8. Die meisten unserer Theorien sind ja doch falsch. Die wichtigste Funktion von Beobachtung und logischem Denken, aber auch von intellektueller Intuition und Einbildungskraft liegt darin, dass sie uns bei der kritischen Prüfung jener kühnen Ideen helfen, die wir brauchen, um ins Unbekannte vorzudringen.

9. Je mehr wir unser Wissen vertiefen, desto bewusster, klarer und fester umrissen wird unser Wissen über das, was wir nicht wissen. Es dürfte uns gut tun, uns manchmal daran zu erinnern, dass wir zwar in dem Wenigen, das wir wissen, sehr verschieden sein mögen, dass wir aber in unserer grenzenlosen Unwissenheit alle gleich sind.

Die Nummer 8 können wir in diesem Buch vorweisen: Eine kühne Idee, die der sinkenden Lebenserwartung. Und besonders den neunten kann ich nur unterstreichen: Wir alle sind Unwissende, nur auf einem unterschiedlichen Niveau. Ich möchte nur beweisen, dass man das Szenario einer sinkenden Lebenserwartung herleiten *kann* und vielleicht sogar *muss*, obwohl manche heutigen Zahlen in den Statistiken positiv aussehen. Auf diese Weise möchte ich den Demographen diese These auch zu Verfügung stellen. Das hier Beschriebene wissenschaftliche Grundverständnis ist die Plattform, auf der wir uns im gesamten Buch bewegen.

Das Menetekel in Bezug auf unsere Lebenserwartung an der Wand wurde in Zeitlupe für uns sichtbar, weil wir Dinge auf eine neue Weise zu wahrgenommen haben. Wir haben erkannt, dass der erste Buchstabe des Menetekels gerade jetzt, in unserer Zeit, geschrieben wird. Und wenn wir die Systemgesetze verstehen, wovon ich im letzten Kapitel die wichtigsten beschreiben werde, dann werden wir sogar nur unglaublich *wenig* Fantasie benötigen, um zu begreifen, dass die restlichen Buchstaben dann immer schneller und schneller geschrieben werden. Es ist unaufhaltsam: Die Lebenserwartung wird sinken.

3.Die „roten“ Argumente: Warum die Lebenserwartung sinken muss

Wir sind immer noch auf unserer *Titanic*. Wir hörten das Rumpeln. Es gibt ein paar Menschen, die mit den Eistücken auf Deck Fußball spielten. Sicher, uns ist klar, dass irgendetwas passiert sein muss. Wir spüren, dass die Schiffsmannschaft etwas unruhig wird. Aber wir machen uns keine Sorgen. Schließlich sind wir auf dem sichersten Schiff der Welt. Sollte wirklich etwas passiert sein, wird es der versierte Kapitän mit seiner Crew schon in den Griff bekommen. Warum sich also ängstigen? Warum etwa selber nachdenken oder nachforschen? Warum selbst etwas unternehmen?

Täuschen wir uns nicht, genau das ist die Situation, die herrscht, bevor Katastrophen eintreten: Die Menschen glauben nicht, dass etwas wirklich Schlimmes passieren könnte! Dieses Szenario der ungläubigen, trägen Masse und ihrer Führer, die in ihrem schönen trügerischen Sicherheits-Dämmerschlaf verharren möchten, ist ein Grundmotiv aller Katastrophenfilme. Und zu Recht. Denn wir Menschen sind so. Wir glauben es immer erst, wenn es beginnt wirklich schlimm zu werden, wenn wir fast schon mitten im Schlamassel sind. Vorher glauben wir den Unkenrufern nicht. Denn es läuft noch gut. Die Realität passt also nicht zur angesagten Katastrophe und deswegen lassen wir es nicht an uns heran. In diesem Kapitel werden ich versuchen zu beweisen, dass wir in den letzten Jahren den Karren unserer Realität immer ein Stückchen näher in Richtung Katastrophe geschoben haben. Der Wagen rollt und er wird immer schneller …

Der Mensch als Nutztier

Eines weiteres dieser Erdbeben, das bereits zu einer Riesenflutwelle führte, die uns zunehmend mehr überrollt, fand vor zirka 150 Jahren statt, als ein gelangweilter Mensch auf eine Abenteuerreise ging, die ihn zu den Galapagos-Inseln und den dortigen Finken führte. Darwin lehrte uns das Fürchten. Denn die wissenschaftliche Ableitungen aus seinen Inselbeobachtungen sollten zu einer Deformierung der menschlichen Genesis und zu einer Abwertung des Menschenbildes führen, gegen das sich der kopernikanische Fokuswechsel, der uns Menschen immerhin von der Mitte des Sonnensystems an dessen Rand katapultierte, ausnimmt, wie ein Sturm im Wasserglas.

Darwin bewirkte den Fall des Menschenbildes ins Bodenlose. Und damit fiel der Wert des einzelnen Menschen auch. Schlimmstes Beispiel dafür ist Hitler, der mit den Essenzen der Evolutionstheorie und der darauf aufbauenden Eugenik aggressiv und öffentlich argumentierte. Was er damals öffentlich tat, tun manche Unternehmen heute verdeckt. Das Prinzip und die theoretische Fundierung jedoch sind dieselben. Nach Darwin war der Mensch nicht mehr, was er vor ihm war. Und der Mensch wird wohl nie wieder auf sein altes Niveau kommen. Dafür war die ‚Evolution' von Darwins eigener Weltanschauung das beste Beispiel, denn aufgrund seiner Lehre gelang es ihm selbst nicht mehr, seinen christlichen Glauben beizubehalten. Und auch nach ihm können viele Menschen nicht mehr an einen Lebensstil glauben, der von Ethik und Nächstenliebe geprägt ist.

Seit Darwin leben wir nämlich im Schatten eines Humanismusbegriffes, der jederzeit überboten werden kann mit dem ‚survival of the fittest'. Die Ära des Pseudo-Humanismus brach an, die sich schön gewandet gibt, aber mit ihrem wallenden Pathos nur mühsam die darunter liegenden, kalten Gerippe der groß angelegten Profitgier und der Übervorteilung anderer für eigene wirtschaftliche Ziele verdecken kann. Seit Darwin haben Nächstenliebe und Altruismus eigentlich keinen Platz mehr in der Menschheit, und das scheinbar mit wissenschaftlichem Segen. Gut zu beobachten am Wirken einiger Großunternehmen, die skrupellos die Menschen in den Industrieländern und noch weitaus mehr Menschen in den wehrlosen Entwicklungsländern für ihre Experimente missbrauchen und Untersuchungsergebnisse nicht selten kaufen oder fälschen. Ein Umstand, der unter anderem zu unzuverlässigen Medikamenten und Therapien führt, die Nebenwirkungen von nicht zu erahnenden Ausmaßen nach sich ziehen.

„Die Tragödie der Wissenschaft liegt darin, dass Mediziner bereit sind, ihre Expertise zu verkaufen, um den Interessen der pharmazeutischen Firmen zu dienen", so schreibt Carlos Sonnenschein, Gesundheitsexperte an der Tufts Universität in Boston.[63] Im Branchenjargon wird sogar despektierlich von „Mietmäulern" gesprochen, wenn Professoren staatlich finanzierter Universitäten wie selbstverständlich als Meinungsbildner für Unternehmen und deren Produkte, spendabel von diesen Firmen honoriert, aufs Podium steigen. Denn für das Marketing geben diese Unternehmen offensichtlich mehr aus als für die Forschung, was bedeutet, dass ein Drittel des Erlöses und ein Drittel des Personals eingesetzt werden, um Arzneimittel auf dem Markt zu platzieren.[64] Doch selbst wenn die Untersuchungen korrekt durchgeführt sind, werden die Medikamente und chemischen Stoffe nicht lange genug geprüft. Was fehlt sind jahrzehntelange und Generationen übergreifende Untersuchungen als Beweis für die langfristige Unschädlichkeit, bis hin zur genetischen und epigenetischen Verträglichkeit. Ökonomisch ist das wie gesagt viel zu teuer, menschlich und gesundheitlich wäre es aber unverzichtbar. Hier befindet sich ein wichtiges Terrain, das sicherlich einer staatlichen Verschärfung per Gesetz bedarf.

Humanistisch betrachtet hat uns Darwin also eher die Büchse der Pandora geöffnet. Denn mit der Evolutionstheorie hat man immer das Recht des Stärkeren, Reicheren oder technologisch Überlegenen auf seiner Seite. So schreibt Einstein bereits im Jahr 1947: „Ich glaube, dass der erschreckende Verfall im ethischen Verhalten der Menschen in erster Linie mit der Mechanisierung und Entpersönlichung unseres Lebens zu tun hat – ein verhängnisvolles Nebenprodukt der Entwicklung des technisch-wissenschaftlichen Geistes. Nostra culpa! Ich sehe nicht den Weg, um diesem verhängnisvollen Mangel beizukommen. Der Mensch erkaltet schneller, als der Planet, auf dem er sitzt.“ [65] So liefert die Technologie letztlich nur die Waffen, mit denen die bewusst oder latent Evolutionsgläubigen ihr verantwortungsloses Menschenbild des „Survival-Primats“ durchsetzen können. Diese Strömungen finden sich heute in vielen Bereichen der Wirtschaft und Gesundheit zusammen.

Trotzdem können wir bei näherer Betrachtung ein wahres Gesundheits-Schatzkästchen inmitten der Evolutionstheorie entdecken. Einmal ganz davon abgesehen, dass die Evolutionstheorie ebenfalls nur eine wissenschaftliche Theorie ist und es wissenschaftlich gesehen durchaus begründete Zweifel über ihre Gültigkeit und Stimmigkeit gibt. Diese sich jedoch nicht bis in die breite Masse der Bevölkerung und Wissenschaftler herumsprechen, denn auch hier haben wir es mit einem Dogma zu tun.

Trotzdem liegt mitten in dieser Evolutionstheorie eine Gesundheitsperle im Morast der sie betreffenden Argumentationen. In dieser Perle finden wir gleichzeitig Beweis und Begründung für den schlechten und immer schlechter werdenden Gesundheitszustand des modernen Menschen und seiner Kinder. Hier finden wir das unbeugsame Gesetz, das ihn zu seiner weiteren Degeneration und zur sinkenden Lebenszeit buchstäblich zwingt. Es sei denn, er kennt es und wendet es für sich positiv an.

Selektion, Evolution, Spezies, Mutation - seit Darwin sind diese komplizierten Begriffe in aller Munde. Auf Deutsch hört sich das Ganze schon weniger kompliziert an: Auslese, Entwicklung, Arten, Veränderung. Zusammengefasst und auf einen einfachen Nenner gebracht, besagt die Evolutionstheorie, dass die Arten sich in riesigen Zeitabständen langsam weiter und hoch entwickelten, indem genau diejenigen überlebten, die sich ihrer Umgebung am besten angepasst hatten, was zu genetischen Veränderungen und Anpassungen führte. Wir kennen alle die riesigen Zahlen, mit denen die Evolutionisten um sich werfen: Abermillionen und Abermilliarden von Jahren. In nur 100 Jahren vollzieht sich hier nichts. Noch nicht einmal in 1000 Jahren. Evolutionstheoretisch ist dies nur eine Nanosekunde. Halten wir uns vor Augen, dass Menschenaffen vor immerhin 25 Millionen Jahren aufgetaucht und die direkten Vorfahren unserer Rasse Homo Sapiens vor zirka einer Million Jahren entstanden sein sollen. Sollte es also die Evolution in diesem Sinne wirklich geben, dann braucht sie diese Zeitlängen.

Ich habe es für meine Argumentation besonders auf den Begriff der „Arten" abgesehen. Es gibt zahlreiche Beispiele dafür, dass Arten ausgestorben sind, als sich ihre Umgebung zu schnell veränderte. Arten können offenbar nur überleben, wenn sie artgerecht leben können, denn sie sind auf eine spezifische Weise an ihre jeweilige Umwelt angepasst. Was wir in der Natur beobachten können, sind ausschließlich perfekt an ihre Umwelt angepasste Lebewesen, die artgerecht leben. Wobei wir beachten müssen, dass es sich bei den vergangenen Umweltveränderungen, auch wenn sie drastisch waren, immer um natürliche Veränderungen gehandelt hat: eine

Klimaveränderung, ein Vulkanausbruch, eine Überschwemmung, Meteoriteneinschläge …

Nehmen wir an dieser Stelle die Evolutionstheorie wirklich ernst, dann *muss* uns das zu einem extremen wissenschaftlichen Misstrauen gegenüber unnatürlichen, künstlichen Interventionen bei natürlichen Organismen und deren natürlichen Umfeld führen.

Das gefährdete Ökosystem „Mensch"

Stellen wir uns einmal einen kleinen See vor, nehmen wir den Wörthsee bei München. Stellen wir uns weiter vor, der kleine See hätte sehr reines, sauberes Wasser, in dem sich gesunde Fischchen, sonstige Seebewohner und einige Wasserpflanzen tummeln. Nehmen wir weiter an, irgendjemand gießt nun regelmäßig in diesen See Gift: zum Beispiel Industrieabwässer, Pestizide, Herbizide, Fäkalien aus industrieller Tierzucht, Medikamente, Biozide, eine bunt gemischte Badewanne voller Gifte würde jeden Tag in unserem kleinen See landen. Was würde geschehen?

Die erste Badewanne macht unserem kleinen See noch nichts aus. Auch die zweite nicht, auch die „puffert" er noch weg. Auch die dritte bemerkt man kaum. Aber wenn es so weiter geht, wenn jeden Tag eine Wanne voll in den See gelangt, 365 Badewannen im Jahr? Nach ein bis zwei Jahren würden wir bestimmt merken, dass einige Fische krank sind, dass die Pflanzen sich verändern, Bakterien sich vermehren, Algen vielleicht wuchern. Der See würde sich sogar jetzt vielleicht noch selbst regenerieren können, langsam, aus eigener Kraft, wenn man nur mit der Vergiftung aufhörte. Geht die Vergiftung des Sees aber weiter, dann sterben irgendwann alle Lebewesen, der See wird zur stinkenden Kloake. Er kann sich nicht selbst mehr regenerieren. Er ist „gekippt", er ist tot; er ist nicht mehr fähig, umzukehren. Der Augenblick zwischen der Situation, in dem die Vergiftung noch so ist, dass sich das System „See" selbst regenerieren kann, und der Situation, in der er sich wegen zu großer Vergiftung nicht mehr selbst regenerieren kann, bezeichnet man als *Kippen.*

Diese beiden Situationen sind natürlich nicht deutlich erkennbar und schwammig im Übergang. Aber genau dieses Phänomen existiert heute in Bezug auf Menschen: Wir sind am „Kippen". Wir haben jahrzehntelang unnatürliche Gifte und Zusätze, an die wir biologisch nicht angepasst sind und die in unseren Körper nicht hinein gehören, auf unterschiedliche Weisen in uns hineingeschaufelt und hineingepresst. Die Zeiten, in dem sich unsere Körper noch selbst heilen konnten durch mehr oder weniger harmlose Ausscheidungssymptome, sind langsam vorbei. Das ist der Grund, warum immer früher immer ernstere und neue Krankheiten entstehen, derer wir nicht mehr Herr werden. Schon gar nicht mit Medikamenten, denn die Gabe von Medikamenten bedeutet, dass wir noch einmal artfremde Materialien in unser System hineinpressen. Bei unserem kleinen See haben wir gesehen, wohin das „Kippen" führt. Das Kippen führt unausweichlich zum Tod. Auf das System „Population", einfacher gesagt „Gesellschaft", bezogen heißt das, zu drastisch sinkender Lebenserwartung.

Die Lösungen sind die gleichen, die wir bei kranken Gewässern anwenden: Aufhören mit dem Vergiften und säubern. Anders geht es kaum. Anders bekommen wir biologische, komplexe Systeme nicht wieder in Ordnung. Diese Reinigungsprozesse vollziehen sich auch nicht von heute auf morgen. Schnelle Heilungen gibt es nicht! Maßnahmen, die schnelle Linderung versprechen, sind so gut wie immer unsystemisch und damit weiter schädlich.

Auch der eingangs zitierte Philosoph Karl Popper hält unsere Unwissenheit für grenzenlos und ernüchternd, obwohl er zugibt, dass wir viele praktische Dinge gelernt haben. Mit jedem Problem, das wir lösen, würden wir nicht nur neue Probleme entdecken, sondern auch feststellen, das der bis dahin für sicher gehaltene Grund, auf dem wir zu stehen glaubten, in Wahrheit schwammig und schwankend war.

Im Leben und in der Natur ist eben immer alles in Bewegung. Die Natur reagiert nicht linear, sie reagiert systemisch und daher oft verzögert, so dass Ursache-Wirkungs-Relationen lange verborgen beleiben können. Was wir als „stabil“ empfinden, sind also letztlich nur Zustände, deren Veränderung wir nicht wahrzunehmen vermögen. Denn auf molekularer und atomarer Ebene gibt es keine Ruhe und keinen Stillstand. Hier kreisen ständig winzigste Partikel umeinander. Das geschieht sogar in Stoffen, die in unseren Augen eine hohe Dichte und Unveränderbarkeit besitzen wie Stahl, Eisen, Kupfer, Steine, Marmor. Veränderungen sind immer Auswirkungen von Kraftfeldern, die manche Autoren und Wissenschaftler als Vektoren bezeichnen, denen wir ausgesetzt sind. Wer also die Kraftfelder erkennt und die Energieströme versteht, kann positiv steuernd in das Geschehen eingreifen.

Die systemischen Fallstricke

Deswegen ist es von höchster Wichtigkeit, dass wir es lernen, die Welt und deren Subsysteme, dazu zählen auch der Mensch mit seiner Lebenserwartung, systemisch zu sehen und zu beurteilen. Denn in der Systemlehre finden wir die wesentlichste Begründung für die fallende Lebenserwartung.

Um ein Verständnis für systemische Reaktionen zu entwickeln unternehmen wir jetzt eine kurze Reise in ein afrikanisches Land, ins „Tanaland“. Das Tanaland ist eine fiktive afrikanische Region, deren Strukturen realen Regionen entnommen waren, die in einem Computer gespeichert wurden. Wenn man während dieser Tanaland-Schilderung die bisher in diesem Buch dargestellten Argumentationen mental mitlaufen lässt, sind die Parallelen zu unserem heutigen Fehlverhalten in allen möglichen Sparten und vor allem auch zu unserem medizinischen Verhalten erschreckend deutlich. Sie liegen buchstäblich auf der Hand.

Zwölf Probanden bekamen die Aufgabe, dafür zu sorgen, dass es den Menschen im Tanaland besser ging. Sie bekamen für ihre Projekte fiktive Gelder von der Weltbank. Die Auswirkungen der unterschiedlichen Maßnahmen, wie Errichtung von Staudämmen, Brunnen, medizinische und hygienische Maßnahmen und dergleichen mehr, wurden hundert Jahre weiterberechnet. Niederschmetternd waren die Ergebnisse.

Nach vorübergehenden Besserungen (!) traten unterschiedliche Katastrophen und Hungersnöte auf. Das ganze System des Tanalandes kollabierte auf unterschiedlichen Ebenen, von der Viehzucht über die gesamte Landwirtschaft bis hin zur Unfähigkeit, die Kredite zu bedienen. Geschaffen wurde, *entgegen* der Zielsetzung, ein Chaos an Maßnahmen und Auswirkungen, das insgesamt das Tanaland in eine Katastrophe katapultierte.

In der Kybernetik, der Lehre von den Systemen, sind diese Fehler im Umgang mit komplexen Systemen gut bekannt, vor allem seit diesem berühmt gewordenen computersimulierten Experiment mit dem „Tanaland“, das 1975 von dem Systempsychologen Dietrich Dörner durchgeführt wurde. Er hat es in seinem Buch *Logik des Misslingens* genau beschrieben.

Doch verschaffen wir uns zuerst ein klareres Bild darüber, was ein System eigentlich ist. Ein System besteht aus Elementen mit charakteristischen Eigenschaften, wobei die Elemente durch Beziehungen miteinander verknüpft sind. Das System steht nach außen in Beziehung zu anderen Systemen, sofern es sich um ein offenes System (wie einen Menschen) handelt. Das Wort geht zurück auf das griechische *sýstema* und bedeutet „das aus mehreren Teilen zusammen gesetzte und gegliederte Ganze“.

Bei komplexen Systemen haben wir es mit einer zusätzlichen Dimension zu tun, denn lat. *komplexus* bedeutet „ineinander verwickelt, verflochten“. Haben wir es mit einem komplexen System zu tun, müssen wir vor Augen haben, dass die diversen Teile dieses Systems miteinander unauflösbar verflochten sind, sich gegenseitig positiv wie negativ beeinflussen und dass dieses System, sofern es sich um ein offenes System handelt, seinerseits darüber hinaus noch mit anderen komplexen Systemen unauflösbar verbunden ist. So gesehen sind alle Organe komplexe Systeme, denn sie bestehen aus vielen komplizierten Zellen und hängen über unsere Steuerungszentrale von diversen Faktoren ab. Ebenfalls sind alle Menschen komplexe Systeme, alle Gewässer, alle Städte, Länder, Kontinente…

Schon an dieser Definition können wir sehen, dass es in komplexen Systemen keine einfachen Lösungen geben *kann*. Denn jede Lösung beeinflusst nicht nur ein kleines Subsystem, sondern wirkt sich auf alle Systemkomponenten aus. Offene und versteckte Dominoeffekte sind an der Tagesordnung. Genau diese Dominoeffekte und die unendlich langen, zeitlich und mengenmäßig uneinsehbaren Ketten von Dominosteinen in einem System, gestalten den Umgang mit Systemen und deren Beeinflussung äußerst schwierig. In der Systemlehre hat man jedoch, durch zahlreiche Experimente und durch langfristige Systembeobachtungen in der Natur, einige Hauptfehler im Umgang mit komplexen Systemen extrahieren können. Wir alle tun gut daran, diese zu kennen und zu vermeiden.

Über Kybernetik, die Lehre von den Systemen, wird gerade in den letzten Jahren zunehmend mehr geschrieben und gesprochen. Allerdings werden ihre Erkenntnisse immer noch nicht auf breiter Basis in der Medizin auf den Menschen angewandt. Die Gesetze komplexer Systeme führen aus meiner Sicht mit unausweichlicher Sicherheit, was uns Menschen betrifft, zur drastisch sinkenden Lebenserwartung. Vielleicht sind Sie überrascht, dass wir diese funktionale Systemsicht auf den Menschen anwenden. Aber genau das muss sein. Der Mensch *ist* ein komplexes System im klassischen Sinne und deswegen *müssen* wir die Regeln, nach denen komplexe Systeme funktionieren, auch auf den Menschen anwenden. Das heißt auch, dass wir die Fehler vermeiden müssen, die im Umgang mit komplexen Systemen gemacht werden können.

Es ist als Kardinalfehler anzusehen, dass diese Systemgesetze von der heutigen Medizin, Pharmazie und Chemie fast gänzlich ignoriert werden. Diese Ignoranz, die wohl noch ziemlich lange andauern wird, ist eines der Hauptströme, die uns in sich extrem verkürzende Lebenserwartung reißen wird. Um besser zu verdeutlichen, was ich meine, habe ich den Menschen oben ein „kippendes" System genannt. Diesen Ausdruck, der Ihnen vielleicht etwas umgangssprachlich erscheint, habe ich der Ökologie entlehnt. Dort haben Sie sicherlich schon einmal den Ausdruck „kippendes Gewässer" gehört, die vor zirka 30 Jahren in aller Munde waren.

Mit komplexen Systemen wie mit einem See oder einem Menschen, seinen eigenen komplexen Untersystemen, seiner Gesundheit und seinen Krankheiten muss sorgsam und vorsichtig umgegangen werden. Das heißt, jeder, der die Autorität hat, ein solches System stark beeinflussen zu können, und dazu zählen alle Ärzte, viele Forscher, Politiker und Manager, sollte die wichtigsten Fehler, die im Umgang mit komplexen Systemen gemacht werden können, in- und auswendig kennen. Aber sie kennen sie nicht. Diese Fehler führen leider meistens zu irreversiblen Schädigungen des Systems und sollten daher tunlichst vermieden werden. Sie stellen *absolute* Risiken dar. Nachhaltig gefördert werden sollten immer Stabilität und Robustheit des Gesamtsystems, da das systemrelevante Hauptziel immer in der Erhöhung und Sicherung der Lebensfähigkeit des Systems liegen muss.

Der berühmte Molekularbiologe Frederic Vester, der sich Jahrzehntelang mit den kybernetischen Abläufen in lebenden Organismen auseinander gesetzt hat, beschreibt in seinem Buch *Die Kunst, vernetzt zu denken* die Problematik falscher Prioritätensetzung, die sich darin äußert, dass man sich mehr um die Einzeloptimierung von Systemkomponenten als um die Optimierung der *viability* des ganzen Systems kümmert. Das dabei unweigerlich vorkommende Aufbrechen von Regelkreisen führe letztlich zu Ineffizienz und oft zu irreversiblen Fehlentwicklungen.[68] Des Weiteren legt er überzeugend dar, dass die Sammlung von Datenmengen über Teilsysteme meist in die Irre führen und nicht dabei mithelfen, das Gesamtsystem zu verstehen. Das Sammeln vieler Charakteristika, Daten und Fakten von Subsystemen, das oft mit großen Anstrengungen betrieben wird, sei die falsche wissenschaftliche Methode. Denn sobald man die Teile eines Systems verbindet, seien nur noch Bruchteile der Daten nötig, um es zu charakterisieren.[69] Auch er bezeichnet die Extrapolation, das einfache Hochrechnen des Ist-Zustandes, als *unsystemische* Methode, die trotzdem am weitesten verbreitet ist. Für längere Zeithorizonte sei sie für die Prognose des Verhaltens komplexer Systeme völlig ungeeignet. Eine Planung, die sich nur an der Extrapolation orientiert, wird zu schwerwiegenden Fehlentwicklungen führen!

Erinnern wir uns, dass es genau diese Methode ist, die aktuell von allen Demographen und Bevölkerungswissenschaftlern zur Prognose der Lebenserwartung herangezogen wird, worauf bereits in den ersten Kapiteln ausführlich hingewiesen wurde. Das Tanaland-Experiment zeigte nun sechs Hauptfehler im Umgang mit komplexen Systemen auf, die wir uns alle für unsere Gesundheit, unsere Unternehmen, unsere Forschung und unsere Lebenserwartung merken sollten. Fragen Sie sich bitte einmal selbst, bei jedem Fehler, wie es in der Medizin, der Nahrungsmittelindustrie, der Chemie sowie in unseren Unternehmen diesbezüglich aussieht.

Der erste Hauptfehler liegt in der Zielmissachtung und Zielverfehlung. Es stand nicht das ganzheitliche System und seine Sicherung und Stabilisierung im Mittelpunkt, sondern es wurden einzelne Missstände gesucht und diese punktuell behoben. Danach der nächste und so weiter. Im Tanaland wurde beispielsweise eine relative Wasserknappheit festgestellt, also wurden wie wild Brunnen angelegt. Jedoch ohne sich zu fragen, welche Effekte dieser Eingriff in das natürliche System auf das Grundwasser haben könnte und damit auf die langfristige Existenzsicherung der Menschen. In Bezug auf alle Probleme im Tanaland wurde in dieser Form linear-logisch-punktuell reagiert. Eng damit zusammen hing der zweite Fehler der meisten Probanden, die nur unvernetzte Analysen vornahmen: Einige Experten sammelten riesige Datenmengen über einzelne Phänomene. Es fehlten Ordnungsprinzipien wie Feedbackschleifen und Grenzwerte und die Daten konnten daher nicht sinnvoll ausgewertet werden. Die historischen Gründe für den Status quo im Tanaland wurden völlig ignoriert.

Dieser Umstand führte dann oft schon zum dritten Fehler, der einseitigen Schwerpunktbildung: Ein zwar richtig erkanntes Problem wurde zum Schwerpunkt erklärt, auf dem man sich ungeachtet der Zusammenhänge stürzte und den man punktuell zu kurieren versuchte. Was zu unbedachten Nebenwirkungen führte, dem vierten Fehler. Denn die möglichen Strategien wurden nicht vorab theoretisch durchgetestet und auf potenzielle nachteilige Nebenwirkungen untersucht - selbst dann nicht, wenn man sich über die Vernetzung im Klaren war! Da man somit die Komplexität und das Ineinandergreifen der

Maßnahmen bewusst oder unbewusst ausklammerte, ergab sich der generelle Hauptfehler der Übersteuerung. Zuerst wurde mit kleinen Maßnahmen an die Missstände herangegangen, aber leider zeigen in komplexen Systemen kleine Maßnahmen fast nie kurzfristig sichtbare Effekte. Als sich deswegen nicht sofort eine Besserung ergab, griff man kräftiger ein, so lange bis die Maßnahmen so kräftig waren, dass eine Veränderung des Systems wahrgenommen werden konnte. Dabei kam es natürlich auch wegen der Interdependenzen zu unerwarteten Rückwirkungen. Sobald man diese wiederum bemerkte, bremste man komplett.

Summa summarum liegt meines Erachtens dem ganzen Verhalten im Tanaland der sechste Hauptfehler zu Grunde: Die Probanden sonnten sich in der Macht, dieses System beeinflussen zu können, sie zeigten autoritäres Verhalten. Die Durchsetzung von drastischen Maßnahmen, die das System gefährden konnten, sollten oft dem persönlichen Prestige dienen. Die Größe des Projektes war wichtiger als seine Funktionsfähigkeit. Die Experten sonnten sich in der Macht, das System verändern zu dürfen und gefielen sich in dem irrigen Glauben, es durchschaut zu haben. Sie konnten sozusagen Gott spielen. Es geht wieder alles auf die alte menschliche Gleichung von Ungedult,Gier, Angst und Selbstherrlichkeit zurück.

Aber unser unsystemisches, linear-punktuelles Benehmen hat Gründe. Auch diese sollten wir kennen, denn wir müssen an den Ursachen ansetzen und diese eliminieren, dann lösen sich die Probleme von allein. Die Ursachen sind immer die Wurzeln der Probleme; entfernen wir diese, so fällt das Problem in sich zusammen. Wir brauchen und dürfen also nicht das Problem behandeln, sondern müssen uns fragen, warum es dieses Problem überhaupt gibt.

Die Ursachen für ein solches unsystemisches Verhalten liegen in der Auftrennung der Realität in Fachbereiche. Es ist unsinnig,

Ärzte zu haben, die sich nur in einem Fachgebiet auskennen, Wissenschaftler, die Gesamtzusammenhänge nicht mehr erkennen können, weil sie sich in ein bestimmtes Problem verliebt haben, Manager, die auf Biegen und Brechen nur auf den Gewinn starren und diesen optimieren wollen ... Wir brauchen Generalisten, die das Gesamtsystem verstehen. Haben wir nämlich dieses im Griff, regelt das Gesamtsystem seine Teilsysteme oft selbständig.

Eine weitere Ursache ist die Ignoranz in Bezug auf Wechselwirkungen und der Mangel an kybernetischem Verständnis. Das betrifft gerade auch das Lieblingskind vieler Mediziner: die Medikamente und die Operationen. Es ist wichtig, von der Übersteuerung, die man häufig auch in medizinischen Therapien vorfindet, Abschied zu nehmen. Übersteuerung führt im Körper entweder zur Resignation (chronische Krankheiten) oder zu Überreaktionen (Autoimmunreaktionen, Allergien, Fieber, Krebs, und dergleichen mehr).

Das heißt, wenn wir die Umkehr und damit den Eintritt des Szenarios der einbrechenden Lebenserwartung verhindern wollen, müssen wir uns vor allem, gerade auch in der Medizin, Chemie und Pharmazie, verabschieden vom oft praktizierten radikalen Eingriff (wozu auch viele Operationen zählen) und zu weichen, aufeinander aufbauenden und systemisch artgerechten Maßnahmen kommen. Der radikale Eingriff hat seine Berechtigung nur in lebensbedrohlichen Situationen. Dazu zählen zum Beispiel unvorhersehbare Unfälle. Diese Abkehr ist umso wichtiger, denn die Systemtheorie lehrt uns auch, dass die negative Beschleunigung von Systemen weitaus rascher erfolgt, als es für unser langsames Gehirn vorstellbar ist.

Der Seerosen-Effekt beschleunigt uns

Seerosen sind wunderschöne Pflanzen mit herrlichen Blüten. In einem Teich mit einer Wasseroberfläche von 1300 Quadratmetern wächst eine solche Seerose, nennen wir sie einmal *Dora*. Sie hat zu Beginn des Frühlings ein Blatt. Dieses Blatt hat die Fläche von 100 Quadratzentimetern. Nach einer Woche hat die Seerose zwei Blätter. Nach der darauf folgenden Woche hat Dora bereits vier. Nach sechzehn Wochen ist der halbe Teich bedeckt. Halten Sie bitte kurz inne und beantworten Sie folgende Frage: Wie lange wird es noch dauern, bis der ganze Teich bedeckt ist? Was glauben Sie? [70]

Setzt unsere Seerose Dora Ihre Entwicklung mit gleichem Tempo fort, so dauert es nur noch eine *einzige* Woche, bis der ganze Teich bedeckt ist! Die Seerose hatte ihre Blattfläche in jeder Woche um 100 Prozent vergrößert. Für viele Menschen ist es trotzdem schwer vorstellbar, dass mit nur einer Woche der ganze Teich bedeckt sein soll. Man denkt *vermeintlich* logisch und sagt sich, dass die Seerose immerhin 16 Wochen brauchte, um die Hälfte des Teichs zu bedecken. Und jetzt soll Sie nur noch eine einzige Woche benötigen, um den ganzen Teich zuzumachen? Aber Dora braucht nicht länger!

Dora wird zur Pan-Dora, zu unserem größten Fluch in unserer heutigen modernen Zeit, denn die Degeneration wird nicht *langsam* weitergehen. Sie wird nach oben schießen! Wir haben 50 Jahre gebraucht und von fast null Prozent Diabetes auf fünf Millionen Erkrankte zu kommen, um von fast null Prozent Asthma- und Allergiekranken zu 10 Prozent Erkrankten zu gelangen, um von fast null Prozent auf 210.000 Krebstote im Jahr zu kommen und zu 1,2 Millionen Erkrankten. Wie lange wird es also dauern, bis wir auf 10 Prozent Diabeteskranke, auf 20 Prozent Asthmaleidende, auf 2,5 Millionen Krebskranke kommen? Nochmals 50 Jahre? Wohl kaum, wir werden eher einen Geschwindigkeitsrekord aufstellen. Wie uns Dora gezeigt hat, wird es leider nicht so lange dauern. Wir werden in fünf bis zehn Jahren bereits dort sein.

Derselbe Sachverhalt wird in einer alten Anekdote verdeutlicht, die vom Erfinder des Schachspiels und seinem Herrn, einem indischen König handelt. Nach der Präsentation des Spieles durfte sich der Erfinder von seinem gelangweilten König irgendetwas Kostspieliges erbitten. Der listige Denker, den die Geringschätzung seiner Leistung durch den König maßlos ärgerte, bat den König aber nur um eine, auf den ersten Blick ganz bescheidene Belohnung. Er wollte kein Gold, keine Juwelen, keine Ländereien. Er wollte nur ein wenig Reis, und zwar so viel, wie man einem Schachbrett zuordnen könnte, wenn man auf das erste Feld ein einziges Korn legen würde, auf das zweite Feld zwei Körner, auf das dritte Feld vier Körner, auf das vierte Feld acht Körner und in fortschreitender Verdopplung für das nächste Feld weiter machen würde. Der König war sehr froh über diese, in seinen Augen *billige,* gewünschte Entlohnung und belächelte die Dummheit des Erfinders. Er ging davon aus, dass er mit einem Sack Reis seine Schulden bezahlen können würde. Doch bald wurde klar, dass ein Sack nicht ausreichen würde. Der Hofmathematiker stellt durch seine Berechnungen klar, dass der „bescheidene" Wunsch des Erfinders für den König nicht erfüllbar war! Denn insgesamt brauchte der König 2^{63} Reiskörner für das letzte Schachbrettfeld, was 153 Milliarden Tonnen Reis wären! Das wiederum entspräche zirka 31 Millionen Schiffsladungen zu je 5000 Tonnen! [71]

Die Menschen heute sind alle, wie dieser König. Nennen wir ihn einmal König Naiv. Die meisten von uns, auch die meisten Wissenschaftler, sind nicht in der Lage, sich die Dynamik von exponentiellen Entwicklungen vorzustellen. Diese Fähigkeit bricht, auch wenn sie für eine einzelne Entwicklung noch vorhanden sein mag, in sich zusammen, sobald wir uns mehrere

Ereignisse vorstellen sollen, die einzeln jeweils exponentiell wirken und dann auch noch exponentiell zusammenwirken. Ich bin überzeugt, dass wir hierfür eigentlich eine neue mathematische Bezeichnung für biologische komplexe Systeme brauchten, weil hier ‚exponentiell' viel zu schwach ist. Ich möchte dieses Phänomen im Folgenden als giga-exponentiell bezeichnen. Heute gibt es viele solcher naiven Könige, in allen Branchen und in allen Berufen. Denn der intuitive Umgang mit nichtlinear verlaufenden Wachstums- oder Anreicherungsprozessen fällt uns allen schwer. Unsere normale Logik und unser Vorstellungsvermögen können das nicht mehr leisten. In solchen Fällen sollten wir uns nicht auf unseren gesunden Menschenverstand verlassen, so sehr man diesen befürworten muss in vielen Bereichen, sondern wir sollten bei solchen Berechnungen auf Mathematik und Computer zurückgreifen.

Die englische Zeitung *Express* hatte vor einigen Jahren bei der Universität von Leicester eine große Untersuchung in Auftrag gegeben. Das Ergebnis: In jeder einzelnen Körperzelle eines 30jährigen Menschen wurden rund 500 künstlich hergestellte Chemikalien gefunden. Das bedeutet, das 500 Zeitbomben ständig in uns ticken, die unsere Gewebe und Gene entarten lassen können und wollen. Hier ticken giga-exponentielle genetische, epigenetische und gesundheitliche Zeitbomben. So wurde beispielsweise in Krebstumoren rund 40 Prozent mehr PCBs und DDE, das ein Hauptabbauprodukt von DDT ist, gefunden. Diese Giftbomben warten nur auf eine kleine gesundheitliche Erschütterung oder Zusatzbelastung, um zu explodieren. Vielleicht bei der nächsten Replikation? Beim nächsten durchzechten Abend?

Ich nenne diese vielen negativen, kumulierenden Einflussfaktoren *H-Bomben.* „H“ legt die Assoziation zum chemischen Zeichen für Wasserstoff nahe. Dies ist durchaus gewünscht. Wir wissen, dass Wasserstoffbomben noch stärker und gefährlicher als Atombomben sind. Das „H“ in H-Bomben steht natürlich für „Hygiene“. Man könnte sie allerdings auch ohne weiteres als „Lebenserwartungs-Bomben“ oder „Lebenszeitreduzierer“ bezeichnen. Auf dem Schaubild finden Sie eine kleine Auswahl dieser H-Bomben.

„Die hormonähnliche Wirkung von Umweltgiften ist fatal, weil sie bereits in allerkleinsten Konzentrationen großen, oft generationsübergreifenden Schaden anrichten können. Schadstoffe, die sich in der Mutter angereichert haben, können in den besonders sensiblen Phasen der embryonalen Entwicklung zu irreversiblen Schäden bei den nachkommen führen, die sich z. T. erst nach der Geschlechtsreife zeigen.“ so beschreibt Dr. André Leusewitz in der Greenpeace–Studie *Angriff auf das Hormonsystem* die systemischen Auswirkungen der heutigen Moderne. Diese als Xenobiotika (naturfremde Stoffe) bezeichneten Substanzen sind in der Regel auch noch schwer abbaubar. Sind sie einmal in die Nahrungskette gekommen, werden sie von Organismus zu Organismus über die Räuber-Beute-Relation weiter gegeben. Dabei kommt es zur Biomagnifikation, das heißt, ihre Konzentration in den Organismen nimmt meist sprunghaft zu.[74] Außerdem hält die Plazentaschranke leider diese lipophilen Stoffe nicht zurück, so dass viele Umweltchemikalien unverändert oder als Metaboliten in den fötalen Organismus gelangen.[75]

Das dramatische Fakt, dass die Wirkung der Umweltgifte im Organismus sich nicht einfach addiert, sondern sich diese gegenseitig explosiv verstärken, ist ein besonders schädliches Bonbon des allgegenwärtigen und von Menschenhand geschaffenen Chemie-Cocktails für uns.[76] Entscheidend ist also die Gesamtbelastung des Organismus. Diese endokrine Wirkung der Umweltchemikalien zeigt sich besonders kritisch bei der Fortpflanzungsfähigkeit, denn sie können sowohl die Erzeugung von Ei- und Samenzellen behindern, als auch die Ausbildung der Sexualorgane stören. Genauso können sie die Entwicklung des Embryos schädigen und seine Überlebenschancen vermindern.[77]

Als ob dies noch nicht genug wäre, gibt es noch einen weiteren wichtigen Lebenszeitreduzierer, der die oben erwähnten ergänzt.

Die Stress-Degeneration

Ein Arzt steht am Ufer eines schnell fließenden Flusses und hört die verzweifelten Schreie einer ertrinkenden Frau. Er holt die Frau unter Einsatz des eigenen Lebens aus dem Wasser und beatmet sie. Kaum fängt sie wieder an zu atmen, hört er die Schreie von zwei weiteren Menschen, die am Ertrinken sind. Wieder springt er ins Wasser und kann beide an Land ziehen. Er beatmet beide, und kaum kommen die beiden langsam zu sich, hört er, selbst schon total erschöpft, die Schreie von drei weiteren Ertrinkenden ... Das geht immer so weiter, und der Arzt ist so sehr damit beschäftigt, die Menschen herauszuholen, dass er keine Zeit findet, um nachzuschauen, wer denn die Menschen stromaufwärts alle in den Fluss wirft.

Das obige Gleichnis ist in den USA vielen Studenten der Public-Health-Wissenschaften bekannt. Hier begegnet uns wieder das alte Prinzip von Ursache und Wirkung, von Symptombehandlung (herausholen) und Ursacheneliminierung (Verhinderung des Hineinwurfes). Wir müssen uns gerade bei dem Thema Krankheit und Gesundheit bemühen, zu den Quellen und Ursachen zu gelangen, um von dorther eine wirksame Vorbeugung zu betreiben.

Stromaufwärts liegen die Verhaltensweisen, die Lebens- und Arbeitsumstände, die sozialen Strukturen, die Umwelt- und Ursachenforschung, Aus- und Weiterbildung, die Politik, die Rahmenbedingungen, die Systemtheorie und die

Ganzheitlichkeit, die Holistik. Um ein noch weiter stromaufwärts zu kommen, müssen wir auf eines der wesentlichsten und bestimmendsten Faktoren unseres modernen Lebens eingehen: den Stress.

Im Zusammenhang mit diesem Thema gibt es zwei wichtige Feststellungen. Die erste davon ist: Stress nimmt für uns alle eher zu als ab. Die zweite ist: Schon heute sind zirka 70 Prozent aller Krankheiten in den Industrieländern stressinduziert oder werden durch Stress massiv verstärkt, so behaupten es große Organisationen wie die Weltgesundheitsorganisation WHO oder die Internationale Arbeitsorganisation ILO.

Mit dieser Aussage kommen wir der überragenden Relevanz dieses Themas auch im unternehmerischen und allgemein gesellschaftlichen Umfeld schon sehr nahe. Allein in Deutschland werden die volkswirtschaftlichen Kosten von Angst und Stress von den Krankenversicherungen auf über 150 Mrd. DM geschätzt. Durch Unternehmensmaßnahmen könnte dieser Betrag enorm vermindert werden.

In der Stressliteratur finden wir einige wesentliche Begriffe, die kurz erklärt werden sollen und die für alle Lebewesen gelten. Man spricht von Stress, Strain, Stressoren, Stress-Response oder –Reaktion und, Stresstoleranz. Jeder Mensch benutzt das Wort Stress ständig, aber nur wenige wissen, was es heißt. Es kommt aus dem Englischen und ist ein aus der Physik bzw. Technik entlehnter Begriff, der „Anspannung, Verzerrung“ bedeutet. Wer schon einmal einen Prüfstand in der Entwicklungsabteilung eines Automobilunternehmens gesehen hat, weiß, was gemeint ist. Hier werden Materialien bzw. Autoteile unter beständigen Belastungen geprüft, um zu erkennen, wann diese zu reagieren beginnen und kaputtgehen. Sauber zu unterscheiden wäre die Belastung, die den eigentlichen Stress ausmacht, von der Reaktion des Materials, die als *Strain* bezeichnet wird. Hier sehen wir schon, dass wir eine umgangssprachlich erfolgte

„Begriffs-Verlängerung“ des Wortes Stress vor uns haben. Denn im Volksmund ist alles eins. „Ich habe Stress“ bedeutet sowohl, dass man unter Belastung steht, als auch, dass man darauf reagiert.

Die Dinge, die uns reizen und unter Druck setzen, nennt man *Stressoren.* Stressoren sind alle Dinge, alle Reize, die wir wahrnehmen können. Ein Stressor kann folgendes sein: Lärm, Geruch, Kälte, Hitze, Menschen, Kinder, Chefs, Kollegen, Kunden, Ziele, Anforderungen, Termine, Zeitknappheit, Vibrationen, Feiern, Entlassung, Beschwerden, Unfälle, Krankheiten, Schulden, Sorgen, Verantwortung, Unsicherheit, Tod des Partners, Erwartungen anderer an uns, Geschwindigkeit, Konflikte u. v. m. Hieran wir deutlich, was uns alles unter Stress setzen kann und viele der oben genannten Stressoren finden wir in Unternehmen, die dort den Arbeitsalltag bestimmen, wie: Kunden, Beschwerden, Erwartungen, Ziele, Konflikte, Geschwindigkeit, etc. Auch hier kann Arbeit und somit das Unternehmen in der Tat wiederum zum Krankmacher werden.

Stressoren, die weithin allerdings nicht als solche wahrgenommen werden, es für den Organismus jedoch sind, sind die Bestandteile unseres Lebensstils und unserer Ernährung, wie z. B. Alkohol, Nikotin, schweres Essen, Süßigkeiten, und alle Elemente, die in den vorigen Kapiteln beschrieben wurden. Auch und gerade der Beziehungsstress in Unternehmen, der sich in schwierigen Situationen mit Kunden, Chef oder Kollegen ausdrückt, darf auf keinen Fall unterschätzt werden. Im Normalfall sollte ein Stressor zu einer *Stress-Response bzw. –Reaktion,* die körperlich ist, führen. Im Normalfall deswegen, weil gerade dieser Normalfall heute fast nicht mehr gegeben ist. Natürlich reagieren wir immer auf Stressreize, nur oft nicht in der optimalen Form. Im Bereich Stress unterliegen wir einer stringenten biologischen Anpassung.

Alle körperlichen Stressreaktionen sollen uns, wie in früheren Zeiten höchst sinnvoll, zum Weglaufen oder Kämpfen bringen.

Wir müssen lernen, was zu tun ist, damit wir nicht krank und leistungsunfähig durch Stress werden. Der Körper schüttet in Stresssituationen verschiedene Hormone aus, wovon das bekannteste sicherlich das Adrenalin ist; weitere Stresshormone sind z. B. Noradrenalin und Cortisol. Adrenalin, das wissen wir, macht unter anderem wach, bewirkt eine Mobilisierung der Zucker- und Fettreservoirs im Körper. Schon direkt nach Einwirkung eines Stressors kann eine bis zu 25 Prozent höhere Fettsäurekonzentration im Blut gemessen werden. Das ist so, weil das Ziel der Stressreaktion die Bewegung ist. Auch heute noch sagt uns unser Körper: „Fight or Flight“. Nur, wer von uns kann in einer schwierigen Situation kurz zum Joggen gehen, oder bei Beschwerden von Kunden diesen zu einem Kämpfchen herausfordern?

Unsere Stressoren führen also zu einer dauernd unterdrückten körperlichen Stressreaktion, die unser Immunsystem schwächt, den Verdauungstrakt schädigt, Lungen, Muskeln, Gelenke und Gefäße durch Ablagerung schwächen und den Alterungsprozess beschleunigt. Dieses Phänomen nennt man „biologische Frustration“. Wenn wir wissen, dass fast jede Arbeit, die wir tun, uns zu biologisch Frustrierten macht und unsere Krankheitsanfälligkeit um ein Vielfaches dadurch erhöht wird, dann ist die weitere Vorstellung, dass diese Stressoren umso stärker wirken, je toxischer das körperliche Umfeld bereits ist, nicht mehr besonders fern.

Wenn wir uns vor Augen halten, dass 60 Prozent aller Erwerbstätigen in Deutschland, immerhin eines der Länder mit den höchsten Arbeitssicherheitsbestimmungen, von massiven Belastungen täglich betroffen sind, die sowohl im engen Sinne Stress bedeuten können, als auch im weiteren Sinne den Körper so stressen können, dass er langfristig oder gar genetisch geschädigt wird. Interessant ist, dass bereits 1997 die Rhein-Zeitung über Forscher von der Harvard Universität berichtete, die den streng gläubig und unter Verzicht auf alle modernen Errungenschaften lebenden Volksgemeinschaft der Amischen die weltweit niedrigsten Cholesterinwerte und weitaus weniger Herzkrankheiten bescheinigten, obwohl die Ernährung sehr fett- und eiweißreich ist. Offensichtlich kann der alleinige Verzicht auf unser modern-stressiges Leben und seine technischen Errungenschaften einen erheblichen Gesundheitssprung auslösen. Der amerikanische Soziologieprofessor Donald Kraybill schreibt sogar: „Die Amischen sind so weit zurück, dass sie uns fast schon wieder voraus sind."

Ein wesentlicher Stressfaktor, der unser modernes Leben zunehmend mehr beeinflusst, ist der Dichtestress. Das hört sich harmlos an, aber der Dichtestress hat es ganz allein schon geschafft, Populationen erheblich zu minimieren. Der Mechanismus dieser Stressart führt nämlich dazu, dass zu rasch wachsende Populationen sich ab einem bestimmten Grenzwert selbst drastisch wieder auf eine geringere und überlebensfähige Dichte reduzieren. Gerade in den Städten, in denen zudem auch die anderen toxischen Faktoren in höherer Konzentration vorliegen, ereignet sich der Dichtestress - der in letzter Instanz nur eine Möglichkeit offen lässt. Dieser Stressor verursacht über psychosomatische Mechanismen erhöhte Aggressivität, nachlassenden Brutpflegeinstinkt und Sterilität, Kreislaufkrankheiten und Epidemien. Diese Elemente führen zur Dezimierung der Population und zu einer wieder erträglichen Dichte. Schon oben wurde einiges zu unserer Artgerechtigkeit gesagt, welche auch bei diesem Thema relevant ist. Denn wenn eine dominante Spezies durch ihre große Zahl und durch die Art ihrer Eingriffe die Natur so verändert, dass diese auf einmal für diese Spezies nicht mehr geeignet ist, so geht diese Spezies ein. Dieses Phänomen ist ein natürlicher Vorgang in der Sukzession der Arten. „Bei unseren Eingriffen brauchen wir also keine Sorge um die Natur zu haben, umso mehr aber um uns, um die Spezies Mensch; denn die Natur hat auf diese Weise schon manche ‚unpassende' Art eliminiert", so warnt uns Vester vor unserer zunehmenden Degeneration in allen Bereichen.

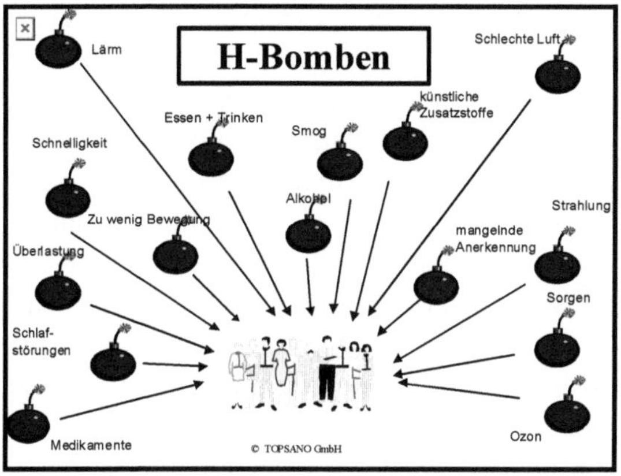

Im Machbarkeitsrausch des Künstlichen

Das eigentliche Vorbild der Kybernetik ist nicht die Computerwelt, die Informatik oder Mathematik. Das Vorbild für die Kybernetik ist der Bereich des Lebendigen, das Reich der Organismen. Sie bezieht ihre Erkenntnisse aus der genetischen Steuerung unserer Zellen, der Regelkreise des Körpers, der Photosynthese und ähnlichen komplexen Systemabläufen. Kybernetik bedeutet dort, wo sie wirklich funktioniert, nicht detaillierte Vorprogrammierung oder zentrale Steuerung, sondern nur Impulsvorgabe zur Selbstregulation, Nutzung vorhandener Kräfte und Energien sowie Stabilisierung von

Systemen. Sie hat mit Systemdiktatur nichts zu tun, wirkt weich und langfristig.

So gesehen ist fast alles, was wir heute gesundheitlich tun, völlig unkybernetisch und damit artfeindlich, ja sogar toxisch. Die Ernährung eines Systems ist dabei von entscheidender Bedeutung, weil dadurch Biochemie bis in die Zellen gelangt. Was im Bereich unserer Ernährung mittlerweile an Künstlichkeit stattfindet, beschreibt Hans-Ulrich Grimm in seinen Büchern *Aus Teufels Topf* und *Die Suppe lügt*. „Wer im Supermarkt kauft, hat keine Kontrolle über das, was auf den Tisch kommt und kaum eine Vorstellung davon, welche Reisen die Speisen schon hinter sich haben“, lautet seine Zusammenfassung über die ‚Natürlichkeit' unserer Lebensmittel.[85] So berichtet er über das explosive Ansteigen von Krankheiten, die auf Botulismus, einer meldepflichtigen Krankheit, und E-coli-Infektionen beruhen. Mittlerweile sterben in den USA jährlich zirka 500 Menschen, darunter viele Kinder, an E-coli-Infektionen. Auch in Deutschland sterben jährlich einige Dutzend Menschen an diesen Krankheiten. Die Erreger werden von Hamburgern, Orangensaft, Apfelsaft, Milch, Gemüse etc. übertragen, wodurch der kausale Zusammenhang oft nicht sichtbar ist und viele Fälle deswegen auch nicht als Ausprägung dieser Erreger erkannt werden.[86]

Ebola, AIDS, BSE, E-coli, Botulismus, Salmonellen… Die Weltgesundheitsorganisation WHO zählt diese zu der Gruppe der gefährlichen Erreger, die erst in den letzten Jahren aufgetaucht sind.

500 Tote pro Jahr für die USA und einige Dutzend für Deutschland scheint vernachlässigbar wenig zu sein. Aber auch hier findet für uns unsichtbar ein Erdbeben statt, das zu einem Tsunami werden wird. Denn die Zahl der verarbeiteten Nahrungsmittel und die Convenience-Speisen nehmen erheblich zu und damit steigt die Bedrohung durch solche Erreger

explosionsartig an. Auch die Weltgesundheitsorganisation WHO rechnet allein die E-coli-Infektionen zu den sieben wichtigsten ansteckenden Krankheiten, bei denen mit einer weiteren starken Verbreitung gerechnet werden muss.[87] Hier werden wir ebenfalls aus besagten Gründen ein giga-exponentielles Zunehmen in den nächsten Jahren erleben.

Leider essen die modernen Menschen weitaus mehr industrielle Nahrung als natürliche Lebensmittel. Die Deutschen verspeisen pro Kopf nur 11 Kilo Bananen pro Jahr und 16 Kilo Tomaten. Aber sie kommen auf 18,8 Kilo industrielle Lebensmittelzutaten wie Hühnerpulver, Hefeextrakte, Aromen, Säuren, Flüssigrauch, Glutamat, Emulgatoren, Stabilisatoren, Sulfite und ähnlicher Mixturen.[88] Diese Essenzen greifen zum Teil höchst aggressiv unsere Schleimhäute und Darmflora an und zwingen uns in undefinierbare Symptome oder gar Syndrome hinein. Die Organisation *Food Watch* in Berlin hat sogar herausgefunden, dass jeder von uns pro Jahr sechs Kilogramm Obst und Gemüse isst, die so stark chemisch belastet sind, dass diese Lebensmittel gar nicht hätten verkauft werden dürfen. Das ist einer der Gründe, weshalb in Deutschland jeder Zehnte an einer Lebensmittelallergie leidet.

Die Hormontherapien bei älteren Frauen und Männern können ebenfalls in das Gruselkabinett der Künstlichkeiten aufgenommen werden. Landläufig wird behauptet und unreflektiert akzeptiert, dass damit bei Frauen Herz-Kreislauf-Krankheiten abnehmen, dagegen ‚nur' ein leicht erhöhtes Risiko der Krebsbildung besteht. Auch bei der Hormontherapie haben wir es keineswegs mit wenigen Anwendern zu tun: Mehr als *4,6 Millionen Frauen* über 40 in Deutschland nehmen Östrogene ein! Ein Nebeneffekt sind die horrenden, von den Krankenkassen getragenen Kosten von rund 500 Millionen Euro pro Jahr. Trotzdem seit mehr als 30 Jahren über Östrogene geforscht wird, gibt es keine Klarheit, ob die Vorteile oder die

Nachteile überwiegen! Neuere Studien legen jedoch den Schluss nahe, dass es auch hier, wie so oft bei künstlichen Interventionen, die Nachteile sind, die überwiegen.

Eine Studie des wissenschaftlichen Instituts der Ortskrankenkassen kam bereits im Jahr 2000 zu alarmierenden Ergebnissen: Durch Östrogen-Einnahmen ist damit zu rechnen, dass 7000 Frauen zusätzlich pro Jahr an Brust- und Gebärmutterkrebs erkranken. Zwei Jahre später wurde sogar eine der großen Hormonstudien vorzeitig abgebrochen, um die 16.000 teilnehmenden Frauen nicht zu gefährden. Denn die bis dahin sichtbaren Effekte waren alarmierend: Die Kombination von Östrogen und Progestin bewirkte nicht einen schützenden Effekt gegen Herzkrankheiten, sondern führte sogar zu einer Zunahme dieser Krankheiten! Das Brustkrebsrisiko wächst durch Hormone um ein Viertel.[89]

Das Künstliche umgibt uns bereits in allen Lebensbereichen, bis hin zur Fortpflanzung. Die natürliche Fruchtbarkeit nimmt ab, In-vitro-Fertilisationen nehmen zu, ebenso wie die damit oft einhergehende bedenkenlose Abtreibung von künstlich eingesetzten Embryonen. 100.000 im Labor erzeugte Kinder wachsen derzeit heran, das bedeutet, dass bereits jedes achtzigste Neugeborene in Deutschland nicht auf normalem, natürlichem Wege entstanden ist. Immer neue und schwierigere Methoden werden entwickelt, damit Paare auch in schwierigen Fällen Eltern werden können. Vor allem hat sich die intrazytoplasmatische Spermieninjektion ICSI durchgesetzt, mit deren Hilfe sogar schwanzlose und träge Spermien per Hohlnadel in Eizellen injiziert werden können. Allein in den letzten zehn Jahren wurden zirka 150.000 solcher Befruchtungsversuche unternommen. Zusätzlich zu dieser Methode gab es in derselben Zeitspanne noch fast dieselbe Anzahl an Befruchtungsversuchen durch die ältere Methode der In-vitro-Fertilisation IVF. Bei all diesen Methoden gelingt es nicht einmal in einem Zehntel der Fälle, wirklich eine nachhaltige Schwangerschaft mit Geburt herbeizuführen.

Unverzeihlich ist es, dass wichtige Fragen hierbei fast völlig ausgeklammert werden. Sicherlich will man es niemandem wünschen, auf Kinder verzichten zu müssen. Aber fragen sich die Beteiligten auch, dass die Natur bzw. die eigene somatische Intelligenz eventuell wichtige, systemische Gründe für eine Unfruchtbarkeit hat, die eventuell in einer zu hohen toxischen Belastung des Organismus liegen können? Ist die Frage geklärt, ob sich beim Fötus oder dem Neugeborenen sich eventuell Unregelmäßigkeiten physischer oder psychischer Natur ausbilden, weil es eventuell der Natur und unseren inneren Programmen *nicht* egal ist, *wie* die Befruchtung erfolgt? Werden die dadurch Gezeugten und Geborenen wenigstens in einer Studie festgehalten und in ihrer Lebens- und Krankheitsentwicklung erfasst, um eventuelle Spätrisiken dieser künstlichen Methoden zu entlarven?

Letztlich zeigen auch diese auf den ersten Blick menschenfreundlich anmutenden Befruchtungsmethoden nur, dass der Mensch als solches zum beliebigen Forschungsmaterial geworden ist. Menschliches Leben hat keinen echten, unantastbaren Wert mehr. Die menschliche Würde wurde zum Spielball der Wissenschaftler. Auch ein Blastomer enthält eben alle genetischen Informationen des Menschen, ist somit ebenfalls in seiner ‚Würde' unantastbar, es handelt sich nur um eine frühe Entwicklungsform unseres Menschseins. Der Paragraph 1 der Verfassung der Bundesrepublik Deutschland, der Grundpfeiler unserer Gesellschaft, ist zur Farce geworden. Die Grenzen sind längst überschritten, das Klonen ist nur eine Frage der Zeit.

Wir leben politisch zwar pro Forma noch in einer Demokratie. Aber die Diktatur der Wissenschaft ist längst Realität. Sie ist der große Diktator unserer Zeit. Sind die vorgebrachten Gründe stark genug - nach Richtigkeit, Ethik und Wahrscheinlichkeit wird oft nicht gefragt -, so darf sie letztlich alles. Sie darf auch Kinder als Medikament und Ersatzteillager für bereits lebende Menschen buchstäblich heranzüchten, wie im Falle Adam Nash in Denver, Colorado, getan. Der kleine Adam wurde durch Präimplantationsdiagnostik ausgewählt, um seiner an Franconi-Anämie leidenden Schwester als Spender dienen zu können. Gebraucht wurde sein bei der Geburt anfallendes Nabelschnurblut zwecks Transplantation in seine Schwester. Dutzende von befruchteten Eizellen vor derjenigen, aus denen sich dann Adam entwickelte, enthielten das Franconi-Anämie-Gen und wurden in den ‚Abfall' geworfen. Der elterliche Kommentar nach der geglückten Geburt von Adam war: „Wir haben getan, was wir tun mussten, um unsere Tochter vor dem Tod zu bewahren. Was soll daran falsch sein?" [90]

Das sind die typischen Argumente, mit denen natürliche, artgerechte, jahrtausende alte und intakte Systeme ausgehebelt werden. Das wissenschaftlich Mögliche wird irgendjemandem immer nutzen, und deswegen irgendwann auch getan. Die Ethiker stehen so von vornherein auf verlorenem Posten. Der Schaden für alle Menschen und die ganze Population wird nicht einkalkuliert. Viel wichtigere Fragen wären: Warum werden überhaupt immer mehr Kinder mit dramatischen Defekten geboren? Wo liegen die Ursachen dafür? Wäre es nicht besser wäre, einem Kinderwunsch *nicht* auf künstliche Weise nachzukommen, um langfristige Risiken und Beeinträchtigungen bei den so Geborenen und deren späteren Kindern auszuschließen? Wer bezahlt die gesundheitlichen langfristigen Kosten dieser Künstlichkeit? Wer kennt die Antwort auf diese Fragen?

Vor 70 Jahren bereits schockierte Aldous Huxley's Horrorroman *Schöne neue Welt* die Menschen. Gestern waren die Szenarien und Situationen, die in diesem Roman geschildert werden, noch fiktionaler Horror, heute sind sie bestimmende Realität. Huxley kann als punktgenauer Zukunftsforscher bezeichnet werden: Seine Welt ist echt geworden, wir leben heute in ihr. Denn wir haben verpasst, die kleinen Schritte zu verhindern und aus den vielen kleinen Schritten haben sich die grenzüberschreitenden Schritte ergeben. Muss es uns da noch wundern, dass auch Konzerne sich nicht mehr um das Wohl des Einzelnen scheren, es nur noch um persönliches Prestige, Karriere, Wachstum und Gewinn um jeden Preis, auch auf Kosten von Gesundheit und Menschenleben geht? Der Wert des Menschen ist seit Darwin ins Bodenlose gefallen und fällt immer weiter. Mit ihm fällt unsere Lebenserwartung…

Noch einmal beamen wir uns zurück auf unsere *Titanic*. Wir alle kennen dieses berühmte Schiff spätestens seit der Neuverfilmung mit Leonardo di Caprio. Der Ablauf der Geschichte weist, wie bereits mehrfach erwähnt, zahlreiche Parallelen zu unseren Betrachtungen über Lebenserwartung und Gesundheit auf.

Die *Titanic* lief 1912 in Southhampton aus und sollte nach New York fahren. Der Kapitän wollte offensichtlich einen Geschwindigkeitsrekord aufstellen und erhöhte die Geschwindigkeit, so überliefern es manche Quellen. Die Route wurde nun etwas verändert und man fuhr mit dieser erhöhten Geschwindigkeit durch ein etwas gefährlicheres Gebiet, in dem es Eisberge geben konnte – auch das war bei den Seeleuten offenbar bekannt. Und nun kommt der Aspekt, der für unser Thema meiner Ansicht nach besonders interessant ist. Denn es war nicht so, dass der Eisberg, auf den das Schiff auflief, bis zum Unfall unbemerkt geblieben wäre. Nein, der Ausguck hatte ihn entdeckt. Und er hatte gewarnt! Der Kurs wurde massiv verändert, die Maschinen wurden sogar völlig gestoppt! Und diese Maßnahmen wirkten!

Warum lief die *Titanic* dann trotzdem auf diesen Eisberg auf? Diese Frage ist sehr interessant und gibt auch über unser Thema Aufschluss. Aus zwei Gründen lief die *Titanic* auf: Der erste Grund liegt darin, dass die Masse des Eisberges unter dem Wasser liegt. Nur der winzigste Teil des Eisberges ist sichtbar. Das heißt, das Schiff brauchte den sichtbaren Teil gar nicht erreichen, um von dem Eisberg gerammt zu werden, denn die Masse ragte ihm unter Wasser entgegen. Es hatte keine Chance mehr.

Und zweitens - und das ist besonders wichtig! - weil die Maßnahmen nicht mehr so wirken *konnten,* dass der Eisberg vermieden werden konnte! Die *Gesetze der Physik* standen dagegen, sie haben das verhindert. Die Masse des beschleunigten Schiffes drückte den Dampfer mit *unausweichlicher* Macht dem Eisberg entgegen. Keine auch noch so radikale Maßnahme konnte hier noch helfen. Die Kurskorrektur hätte weitaus früher erfolgen müssen. Sie hätte wahrscheinlich überhaupt nicht erfolgen müssen, wenn der Kapitän nicht von Größenwahn befallen gewesen wäre.

Die Parallelen zu unseren Themen, der Lebenserwartung und der immer schlimmeren Krankheiten, sind überdeutlich und erdrückend. Weil sie so augenfällig für mich sind und waren, habe ich diesen Tatbestand auch den „Titanic-Effekt" genannt. Die erste Parallele liegt in unserm Machbarkeits-Größenwahn, unser Sucht nach Prestige und Gewinn. Das drückt sich aus in immer neuen Medikamenten, Therapien, Chemisierung der Ackerböden und Pflanzen, neuen Chemikalien, der Hybris von Forschung und Wissenschaft. Immer mehr, immer weiter, immer besser, immer reicher – darum geht es uns. Hätten wir alle diesen Wahn nicht, brauchten wir gar nicht gegenzusteuern, denn die Systeme wären noch in Ordnung. Wir wären auf der alten „Route" geblieben, auf denen Hunderte von Generationen vor uns waren. Aber das war und ist uns nicht gut genug gewesen. Damit fällt man nicht auf. Wir alle sind König Midas. Aber haben wir auch einen Dionysos, der uns von dem selbst kreierten Fluch erlöst? Kaum.

Die zweite Parallele ist, dass wir heutzutage noch nicht einmal die Spitze meines Thesen-Eisbergs sehen. Vielleicht sehen manche nach der Lektüre dieses Buches ein kleines Spitzchen. Ich sehe bereits eine große Spitze, oder vielmehr eigentlich sogar den ganzen Eisberg und unsere Nähe zu ihm. Aber wir wissen, die Masse liegt im (noch) Unsichtbaren. Das Unsichtbare, um es zu übersetzen, ist in unserem Falle das momentan *nicht* Messbare. Und das ist das wirklich Schlimme, denn momentan sieht das Messbare sehr gut aus. Das kommt daher, dass wir nur in der Lage sind, die Vergangenheit messen zu können, diese Vergangenheit mit ihren Bedingungen aber *unwiederbringlich* vorbei ist und deswegen unsere zukünftigen Zahlen völlig anders aussehen werden. Die Einflussfaktoren haben sich unbemerkt drastisch verändert, lassen sich in ihren Auswirkungen jedoch noch nicht messen. Sie wirken auf unser System „Körper und Alter“ ein, destabilisieren es und werden es mittelfristig und langfristig auch messbar negativ verändern.

Eine dritte Parallele haben wir in dem Umstand vor uns, dass das Absinken der Lebenserwartung nicht mehr zu verhindern wäre, selbst wenn wir jetzt drastische Maßnahmen ergreifen würden. Selbst wenn wir den Rückwärtsgang einlegen könnten, würde uns das wahrscheinlich nicht mehr retten. Wir haben leider die Masse der Menschen zu sehr in unsere modernen Lebensumstände hinein „negativ beschleunigt“. Zum Beispiel gibt es kaum noch gänzlich unbelastete Lebensmittel. Selbst Bioware wächst an der ‚normalen’ Luft, und die Luftqualität ist nicht mehr besonders gut. Sie wird beträufelt von saurem Regen, wird auf Böden angebaut, die früher eventuell „normal“ bewirtschaftet wurden. Die Chlororganika, darunter viele Pestizide, werden von der Verdriftung durch Wind und Wasser massiv verbreitet. Bald wird dasselbe mit genetisch veränderten Pflanzen passieren. Wir *können* heute gar nicht mehr wirklich unbelastet und gesund leben. Der Kurs war zu lange zu falsch. Der Eisberg ist schon in Sichtweite. Und selbst den Eisbergen des Nordpols befindet sich Blei, PCB, DDT … Das Absinken können wir bestimmt nicht mehr abwenden, aber vielleicht können wir den wirklich steilen Niedergang, das Abstürzen, noch verhindern.

Die Bewertung der Argumente

„Als Dionysos, der Gott des Weines, mit einigen Freunden durch die Lande zog, begab es sich, dass König Midas einem dieser Freunde einen großen Gefallen tat. Aus Dankbarkeit gewährte Dionysos dem König einen Wunsch. Voller Habgier wünschte sich Midas: ‚Lass alles, was ich berühre zu Gold werden!' Mitleidig blickte Dionysos den törichten König an, erfüllte ihm aber den Wunsch. Berauscht vor Glück verabschiedete sich Midas und fuhr nach Hause. Um seine neue Fähigkeit auszuprobieren, brach er einen Olivenzweig ab, und siehe da, er wurde im Nu zu Gold. Er ließ sich Ton reichen und der Ton wurde zu Gold. Als er seine Hände wusch, wurde das Wasser zu flüssigem Gold. Der Tisch, den er anfasste, wurde zu Gold. Er lachte vor Lust! Doch nach einigen Stunden hatte er Durst und Hunger, denn alles was er sich zu Munde zu führen wollte, erstarrte zu Gold. Jetzt erst erkannte der König seine Dummheit. Da warf er sich auf die Knie, bereute seinen törichten Wunsch und bat Dionysos, er möge ihn wieder von diesem Zauber befreien. Dionysos erbarmte sich und schickte Midas zu einer Quelle, wo er sich von seiner Schuld reinigen sollte. Nachdem der Fluch von ihm genommen war, verließ König Midas sein Schloss und von da an verachtete er Reichtum und Wohlleben und gesellte sich zu den Hirten in den Wäldern."

Was sie gerade gelesen haben, war eine Sage des klassischen Altertums. ‚Sage' heißt auf Griechisch *‚mýthos'*. Wir haben in den vorherigen Kapiteln gesehen, dass die Legende um König Midas auch für unsere Zeit einige systemische Lehren enthält. Aber vorrangig habe ich sie hier abgedruckt, damit wir einen klaren Eindruck bekommen, was genau ein Mythos ist: So sieht ein echter Mythos aus.

Und die hohe Lebenserwartung, an die wir alle glauben, ist in der Tat auch ein Mythos. Zum einen ist sie ein Mythos, wie schon gesagt, weil sich die positiven heutigen Prognosen mit an Sicherheit grenzender Wahrscheinlichkeit nicht bewahrheiten werden. Zum anderen ist sie es, weil seit jeher die Menschen gehofft und glaubt haben, dass irgendwann irgendjemand ein Mittel gegen Altern und gar gegen den Tod finden würde. Der Jungbrunnen, das ewige Leben, die ewige Jugend und Glückseligkeit – solche und ähnliche Hoffnungen gibt es wohl in jeder Kultur, überall ranken sich viele Märchen und Fabeln um Jugend und ewiges Leben.

Der Grund dafür ist sicherlich darin zu suchen, dass jeder den Tod fürchtet, bewusst oder unbewusst, weil keiner wirklich weiß, was danach kommt. Im Letzten ist es die Furcht, die uns dazu antreibt, uns Schönes auszudenken. Und so scheint uns der diesseitige Schatz in unserer Hand, also unser irdisches leibliches Leben, bei dem wir wissen, was davon zu halten ist, weitaus erstrebenswerter, als ein jenseitiges Paradies, das vielleicht auf uns wartet. Ob es drüben in der Tat paradiesisch wird, das wissen wir aber nicht genau, es könnte auch das Gegenteil werden: Himmel, Hölle, Nirwana, Wiedergeburt? Wer weiß schon, was wirklich sein wird? Also transformiert unsere Psyche die Todesängste in Lebenshoffnungen, was dann zum Mythos Lebenserwartung und zur obsessiven Suche nach Lebensverlängerung wird. Psychologisch ein ganz normaler Vorgang.

So gesehen haben wir uns regelrecht verfangen in diesen Hoffungen. Der Lieblingsglaube von uns modernen Menschen und die Gründe dafür sind identisch mit denen der alten Römer, Griechen und Ägypter. Die damaligen Menschen im antiken Griechenland träumten davon, ewiges Leben durch den Nektar und Ambrosia der Götter zu bekommen. Heute projizieren wir unsere Hoffnungen auf andere Mittel, die auf den ersten Blick raffiniert und hoch entwickelt erscheinen, wie die der Bio- und Gentechnik. Von einer höheren, systemischen Warte aus betrachtet, sind sie, wie wir gesehen haben, nicht mehr so hoch entwickelt. Sie sind letztlich genauso naiv, wie die Ewigkeitshoffnungen, Mittelchen und Kulte der antiken Menschen uns aus heutiger Sicht erscheinen.

Geben wir es zu: Wir wollen uns nicht wirklich vorstellen, dass wir sterben. Und schon gar nicht wollen wir uns ausmalen, dass wir jung sterben. Wir klammern uns an diese Hoffnung des fitten Immer-Älter-Werdens so sehr, dass man sie uns wohl regelrecht entreißen muss. Und weil wir das offensichtlich glauben wollen, sind wir auch allzu bereit, kritische Tatsachen nicht zu sehen, auszuklammern oder nicht negativ hochzurechnen, was wir vielleicht tun müssten. Sogar mir geht es manchmal selbst so. Denn da sowohl die Prognose der steigenden wie auch die der fallenden Lebenserwartung sich auf die Zukunft beziehen, und die Zukunft eben unberechenbar und unsicher ist, möchte ich mir manchmal auch lieber das positivere Szenario vorstellen.

Aber in den USA ist der Zugewinn an Lebenszeit bereits praktisch zum Erliegen gekommen. Deutsche und österreichische Frauen konnten zwischen 1992 und 1998 im Schnitt ihre Lebenserwartung um zwei Jahre erhöhen, wogegen die Amerikanerinnen nur noch um sieben Monate erhöhen konnten. In manchen Jahren zeigten sich bereits sogar erste rückläufige Tendenzen.[91]

Einige Experten getrauen sich sogar schon, erste warnende Stimmen zu erheben. So erschien am 17. März 2005 im *New Englang Journal of Medicine* ein Artikel des amerikanischen Demographen Jay Olshansky von der Universität Chicago, in dem er beschreibt, dass die Lebenserwartung der US-Amerikaner in den nächsten Jahrzehnten leicht sinken wird. Wegen des erhöhten Risikos von Diabetes, Herzkrankheiten und

Krebs für überfettete Amerikaner würde die Lebenserwartung bis 2050 um zwei bis fünf Jahre sinken. Hier hat er gleichzeitig Recht und Unrecht. Recht hat er mit der Prognose der absinkenden Lebenserwartung. Unrecht hat er, weil die Lebenserwartung viel stärker absinken wird, nämlich um mindestens 10 bis 15 Jahre - Sie kennen ja inzwischen meine Prognosen.

Ich fasse zusammen…

Wir sind am Ende meiner Argumentationslinien für die These der sinkenden bzw. einbrechenden Lebenserwartung angelangt. Es gibt noch tausende von schockierenden Einzelfakten, doch ich wollte mich auf die wesentlichen Linien beschränken. Zeigen nun wirklich alle Lebenserwartungsampeln auf grün? Oder gibt es doch gelbe und sogar rote Ampeln? Wenn wir nun die These der steigenden Lebenserwartungen derjenigen der sinkenden Lebenserwartung gegenüberstellen, welche ist die systemischere Prognose? Welches ist die besser begründete These?

Dies waren, zur Erinnerung, die Kriterien von Karl Popper, die auf Seite 34 referiert wurden: Erklärt die neue Theorie mehr? Ist sie gründlicher überprüft worden, das heißt, hat man sie ernsthafter und kritischer diskutiert im Lichte von all dem, was wir wissen? Von allen möglichen Einwänden? Von allen Beobachtungen und experimentellen Untersuchungen, die wir entwerfen konnten, um die Theorie zu kritisieren und sie, wenn möglich, zu widerlegen?

Ich habe, wie Sie gesehen haben, nicht nur die unsystemische Prognose der Extrapolation angewandt, sondern mir die Mühe gemacht, zu verstehen, unter welchen Gefahrenvektoren unsere heutigen Systeme, unsere Populationen und unser Körper existieren und wie sich diese in der Zukunft entwickeln werden. Wir sehen, dass die Bedingungen sich drastisch gewandelt haben und so ist es in meinen Augen unhaltbar geworden, weiter mit der steigenden Lebenserwartung zu argumentieren. Es bestehen begründete Zweifel. Die USA hatte bereits erste Dellen in ihren Lebenserwartungskurven. Das ist sogar ein erstes echtes, messbares Indiz. Die Hausse ist vorbei, die Baisse wird eingeleitet. Der Tsunami rollt an. Unser Schiff wird sinken.

Im Folgenden stelle ich noch einmal die Ableitungen aus meiner These der sinkenden Lebenserwartungen dar, die Sie jetzt, am Ende des Buches, auf Grund aller dargestellten Fakten und Argumente bewerten können. Urteilen Sie selbst, ob diese Ableitungen realistisch sind oder unrealistisch:

Die Alten werden immer früher sterben. Erinnern Sie sich noch an die Prognose des Altersindex durch die UNO, die behauptet, dass dieser sich verdreifachen wird bis 2050? Also die Alten immer älter werden? Unsere Prognose bedingt jedoch das direkte Gegenteil.

Die Kinder fehlen heute schon bei einer Reproduktionsrate von nur zirka 1,4 Kindern pro Frau in Deutschland. In den meisten Industrieländern gleichen sich die Reproduktionsraten. Das wird wohl weiterhin so bleiben bzw. sich weiter verschlechtern. Nicht etwa wegen weiter steigendem Lebensstandard, sondern wegen zunehmender Unfruchtbarkeit von Männern und Frauen.

Die auf die Welt kommenden Babys werden kränker und schwächer sein, gravierende Defekte haben und-oder schwere Krankheiten sehr früh entwickeln bis hin zu Krebs. Sie werden daher auch eine deutlich niedrigere Lebenserwartung aufweisen. Die Fruchtbarkeit wird weiter sinken und die Fehlgeburtenrate wird deutlich ansteigen.

Die Klein- und Schulkinder und Teenager erkranken schon heute immer früher an immer schwereren Krankheiten. Dieser Trend wird anhalten und sich deutlich verschärfen.

Die Krankheits-Sterberate von Kindern jeden Alters wird steigen. Die Bevölkerung wird weitaus schneller schrumpfen als angenommen. Die Bevölkerungstanne bricht sowohl „oben“ ab, als auch „unten“ und in der Mitte.

Die Menschen werden auf jeden Fall kränker sein und früher in ihrem Leben krank werden, selbst wenn die Lebenserwartung auf dem heutigen Stand bliebe, was aber unwahrscheinlich ist.

Wir werden wahrhafte Epidemien an alten und neuen Infektionskrankheiten erleben. Unser Immunsystem wird immer schwächer und anfälliger.

Krebs wird weiter drastisch, das heißt, exponentiell, zunehmen, Allergien ebenfalls.

In der Summe werden die Menschen immer kränker, immer früher krank, immer unterstützungs- und pflegebedürftiger und sterben auch noch früher.

Sind diese Annahmen nun realistisch oder unrealistisch? Was kommt auf uns zu: steigende oder sinkenden Lebenserwartung?

Was können wir noch tun?

Was viele Leser an dieser Stelle sicherlich bedrückt, ist die Hoffnungslosigkeit, die von meiner These und ihren Implikationen ausgeht. Die Fragen, die sich buchstäblich aufdrängen sind folgende: Was können wir noch tun? Gibt es noch etwas, das Sinn macht? Können wir vielleicht doch noch die größten Risiken ausschalten? Sieht es wirklich so desolat aus, dass alles keinen Sinn mehr macht? Oder können wir es doch noch einmal mit Luther halten und unser Apfelbäumchen der tätigen Hoffung pflanzen, auch wenn wir wissen, dass unsere Lebenserwartung und unsere Gesundheit wahrscheinlich untergehen werden?

Persönlich hoffe ich, dass wir die größten Risiken noch ausschalten können. Vor allem im individuellen, persönlichen Bereich. Das habe ich selbst erfahren, das haben meine Gesundheitsstudien gezeigt. Alle meine eigenen Krankheiten sind durch völlig natürliche Maßnahmen verschwunden, nachdem ich anfing, der Intelligenz meines Körpers mehr zu vertrauen, als allen Ärzten und Pillen der Welt, und weil ich an den richtigen

Hebeln angesetzt habe. Trotzdem weiß ich, dass ich noch toxisch belastet bin, dass sich über meine alten Amalgamfüllungen noch Quecksilber, durch Abgase Blei, durch Pestizide Chlorverbindungen und dergleichen mehr in meinem Körper befinden. Das heißt, hier ticken Zeitbomben. Wir werden die Umkehr jedoch nur dann leisten können, wenn wir das Vertrauen zu unserer „alten Route“, zur Intelligenz unseres Körpers, zur Natürlichkeit und Artgerechtigkeit zurückgewinnen und uns keine Angst mehr machen lassen.

Unsere innere Software ist intelligenter als alles, was Wissenschaft heute zu bieten hat und je zu bieten haben wird. Zum Beispiel ist man sich mittlerweile im Kreise der Krebsexperten einig, dass der Mangel an frischem Obst und Gemüse das Entstehen fast aller Krebsarten wesentlich begünstigt, um nicht zu sagen, dass es oft ein Hauptauslöser für Krebs sein kann. Warum das aber so ist, verstehen die Experten nicht.[92]

Das Warum zu verstehen wäre aber das Wichtigste überhaupt. Was auffällt, ist auch hier wieder die moderne Schizophrenie, in diesem Falle können wir sie Krebs-Schizophrenie nennen. Wenn man schon weiß, dass der Mangel an frischen, vegetarischen Nahrungselementen Krebs entstehen lässt, wäre es dann nicht eine absolut logische (und in diesem Falle auch noch systemisch intakte und monetär günstige) Konsequenz, dass die Krebstherapie aus einer Kur bestehen müsste, die ausschließlich aus biologisch erzeugtem, frischem Obst und Gemüse bestünde? Warum aber wird das nicht gemacht, obwohl der Zusammenhang zwischen Krebs und frischen Lebensmitteln mittlerweile wissenschaftlich verbrieft ist? Warum empfiehlt man dagegen den Patienten gefährliche Operationen, die oft sogar zum Streuen des Krebses führen, und Chemotherapien, die das Immunsystem völlig zerstören und deshalb enorme gesundheitliche und soziale Risiken beinhalten? Diese einfache Frische-Therapie wird den Krebspatienten höchstwahrscheinlich deshalb vorenthalten, weil daran nur ein paar Biobauern verdienen können. Es ist zu natürlich, und nur an Künstlichem kann die Industrie richtig verdienen.

Dass unsere innere Software der Wissenschaft immer noch buchstäblich um Lichtjahre und Galaxien voraus ist, wird man aber nur erfahren, wenn man bereit ist, mit dem eigenen Körper und seinen Reaktionen ohne chemisch-pharmazeutische Hilfsmittel Erfahrungen zu machen. Das werden wir nur erfahren, wenn wir unsere Angst überwinden und anfangen, unserem System und den natürlichen, System sichernden Faktoren zu vertrauen. Das fängt bei der normalen Erkältung an und hört bei ernsten Krankheiten erst recht nicht auf. Man muss allerdings die systemischen und natürlichen Stellschrauben kennen, an denen wir drehen können und müssen. Diese jedoch zu beschreiben, würde den Rahmen dieses Buches eindeutig sprengen.

Und ich habe auch noch eine andere Hoffnung. Wenn wir es wirklich schaffen, in allen Systemen - international, national und regional - die größten Risiken auszuschalten, Langzeitstudien für alle synthetischen Stoffe verlangen, die Krankheitsbehandlung radikal verändern, Emissionen und Immissionen etc. in den Griff bekommen, regenerative Energien bevorzugen, wenn wir wirklich umkehren würden, einen regelrechten gesundheitlichen Turnaround schaffen und alle Lebenswelten reinigen könnten, dann hoffe ich, dass unsere somatische Intelligenz auch heute noch so stark ist, dass sich das Gleichgewicht nach ein paar Generationen wieder einstellen könnte. Denn wir leben! Und solange wir leben, haben wir die Chance zur Regeneration. Allerdings nur dann, wenn unsere Lebensbedingungen das noch erlauben.

Deswegen möchte ich mir selbst und allen anderen noch Hoffnung machen. Packen wir es an, lassen wir uns nicht mehr für dumm verkaufen, konsumieren wir bewusst, informieren wir uns, boykottieren wir alles, was uns schadet, zwingen wir Firmen und Politiker umzudenken, bombardieren wir sie mit Briefen, Anrufen, Aufrufen, Unterschriftslisten, Demonstrationen, Aufklärung auf breiter Basis, so lange, bis sich die Dinge ändern. Bleiben wir nicht länger bei unserer individuellen Vogel-Strauss-Politik. Gründen wir Initiativen, leiten wir die Enttoxikologisierung unserer Welt ein. Und vor allem: Fangen wir bei uns selbst an. Bei unseren eigenen Ängsten, bei unserem eigenen Machbarkeitswahn, bei unserer Überheblichkeit, bei unserer Prestigeliebe, bei unseren Konsum- und Essgewohnheiten, bei unserer Geldgier und bei unserer dümmlichen Hoffnung, es würden sich alles, auch ohne dass wir etwas tun, schon irgendwie wieder zum Guten wenden.

Denn es geht nicht nur um uns. Es geht um unsere Kinder, es geht um unsere Enkelkinder. Und wir müssen die Weichen richtig stellen. Jeder von uns.

Anmerkungen

1 ZfB, Jg. 25, 3-4/2000, S. 375-398 (Statistische Nachrichten 1. Quart. 2001)
2 ibd.
3 ZfB, Jg. 25, 2/2000, S. 267-289, ISSN 0340-2398 (aus Abstracts Zeitschriften)
4 Wissenschaftsmagazin Science, Bd 296, Nr.557, 10.05.2002, S. 1029-2031
5 Süddeutsche Zeitung, 06./07. Nov. 2004, S. 29
6 ZfB, Jg.25, 3-4/2000, S.495-507, ISSN 0340-2398(aus Abstracts Zeitschriften)
7 ZfB, Jg.24, 3/1999, S.229-279 (aus Abstracts Zeitschriften)
8 Fölsing,: Albert Einstein – Biographie, 1999, S. 174
9 ibd. S. 196
10 Seelig: Albert Einstein – Mein Weltbild, 2001, S. 121
11 Öko-Test, Januar 1999
12 Greenpeace-Studie/A. Leisewitz: Angriff auf das Hormonsystem, 1996, S. 89
13 Williams, Endstation Gehirn, 2003, S. 85
14 ibd. S. 111
15 ibd. S. 85
16 www.gbe-bund.de, abgerufen 30.01.2002
17 www.rki.de/gbe/krebs, abgerufen Herbst 2004
18 ibd.
19 Stand 30.01.2002
20 Blüchel: Heilen verboten, 2003, S. 287
21 Die Woche, 06.10.2000,
22 www.dak.de, abgerufen Herbst 2004
23 Williams, Endstation Gehirn, 2003, S. 172
24 Langbein/Ehgartner: Das Medizin-Kartell, 2002, S. 186

25 ZfB, Jg.24, 4/1999, Reiner Schulz, S.379-410, ISSN 0340-2398
26 Spektrum der Wissenschaft, Spezial 2: Krebsmedizin, Mai 1999, S. 28
27 Williams, Endstation Gehirn, S. 35
28 ibd. S. 35
29 ibd. S.37
30 www.dak.de, abgerufen März 2004
31 RKI: Broschüre „Krebs in Deutschland", 2003
32 ibd.
33 Greenpeace-Studie/ A. Leisewitz, W. Schwarz: „Chlor macht krank", 1995
34 Williams: Endstation Gehirn, S.78
35 ibd. S. 111
36 ibd. S. 112
37 ibd. S. 218
38 GeoWissen, Nr. 30, 2002, S. 106
39 Seelig: Albert Einstein – Mein Weltbild, S. 78
40 www.notiz.de, abgerufen m 06.10.2003
41 Langbein/Ehgartner: Das Medizin-Kartell, 2002, S. 98
42 ibd.
43 Robbins-Roth: Zukunftsbranche Biotechnologie, 2002, S. 114
44 ibd. S. 9
45 ibd. S. 131
46 GeoWissen, Nr. 30, S.128 ff
47 Blech: DieKrankheitserfinder, 2004, S. 200
48 ibd. S. 202
49 Langbein/Ehgartner: Das Medizin-Kartell, 2002, S. 145
50 ibd. S. 139
51 ibd. S. 142
52 ibd. S. 141 ff
53 ibd. S. 188
54 ibd. S. 187

55 Mendelsohn: Trau keinem Doktor, S. 6
56 Langbein/Ehgartner: Das Medizin-Kartell, 2002, S. 313
57 ibd. S. 275
58 ibd. S. 275
59 Greenpeace-Studie/A. Leisewitz: Angriff auf das Hormonsystem, 1996, S.21
60 ÄrzteWoche, Nr. 19, 2002
61 Popper: Lesebuch, S. 35
62 ibd. S. 35ff
63 Blech: Die Krankheitserfinder, S. 20
64 ibd. S. 19
65 Fölsing: Albert Einstein, S. 814
66 Wells, Spencer: Die Wege der Menschheit, Fischer, Frankfurt/M, 2003 S. 62ff
67 zitiert nach Müller: Vitalität fürs Unternehmen, Gabler, 2002, S. 173
68 Vester: Die Kunst vernetzt zu denken, S. 52
69 ibd. S. 55
70 Dörner: Logik des Misslingens, S. 162
71 ibd. S. 162
72 Greenpeace-Studie: Chlor macht krank, Hamburg, 1995, S. 31
73 Greenpeace-Studie: Angriff auf das Hormonsystem , S. IV, Stand 2/96
74 ibd. S. 1
75 ibd. S. 2
76 ibd. S. 10
77 ibd. S. 10
78 nacherzählt nach Hagen Kühn: Healthismus, Ed.Sigma, Berlin, 1993, S. 419
79 nach Müller:Vitalität fürs Unternehmen, S. 126
80 manager magazin, 05/01, S. 250
81 nach K..Priester: Betriebl. Gesundheitsförderung, Mabuse, F/M, 1998 S. 29

82 Rhein-Zeitung, 03.06.1997, R.Grimm
83 Vester: Die Kunst vernetzt zu denken, S. 74
84 ibd.. S. 74
85 Grimm: Aus Teufels Topf, S. 31
86 ibd. S. 12ff
87 ibd. S. 99
88 ibd. S. 32
89 GeoWissen, Nr. 30, 2002, S. 66
90 ibd. S. 84ff
91 Langbein/Ehgartner: Das Medizin-Kartell, 2002, S. 185
92 Spektrum der Wissenschaft, Spezial 2: Krebsmedizin, Mai 1999, S. 27

Abkürzungen

BiB	Bundesinstitut für Bevölkerungsforschung (gehört zum StBA)
BKK	Betriebskrankenkasse
BMG	Bundesministerium für Gesundheit
BMI	Bundesministerium des Inneren
DAK	Deutsche Angestellten-Krankenversicherung
EU	Europäische Union
FDA	Food and Drug Administration (Teil des HHS, USA)
GKV	Gesetzliche Krankenversicherung
GVU	Geistiger Verfall durch Umwelteinflüsse
HHS	Department of Health and Human Services (USA)
LE	Lebenserwartung
NHI	National Health Institutes (in den USA)
OECD	Organization on Economics and Development
PEI	Paul-Ehrlich-Institut
RKI	Robert-Koch-Institut
Stiko	Ständige Impfkommission beim RKI
StBA	Statistisches Bundesamt
UNO	United Nations Organization
VN	Vereinte Nationen (= UNO)
WGO	Weltgesundheitsorganisation (= WHO)
WHO	World Health Organization
ZfB	Zeitschrift für Bevölkerungswissenschaft

Adressen und Websites

BiB Bundesinstitut für Bevölkerungsforschung Friedrich-Ebert-Allee 4, 65180 Wiesbaden, tel. 0611-752235, e-mail: bib@statistik-bund.de, website: www.bib.demographie.de

BMG Bundesministerium für Gesundheit, Am Probsthof 78a, 53121 Bonn , e-mail: website: www.bmgesundheit.de

BMI Bundesministerium des Inneren, Alt Moabit 101, 10559 Berlin, tel. 01888-6810, e-mail: poststelle@bmi.bund.de, website: www.bmi.bund.de

Europäische Union, e-mail: die verschiedenen e-mail-Adressen und Adressen der EU-Institutionen sind zu finden unter www.europa.eu.int/geninfo/mailbox/dg_de.htm, website: www.europa.eu.int

HHS U.S. Department of Health and Human Services (in den USA), tel. (001) 301 458-4800, e-mail: website: www.hhs.gov

FDA Food and Drug Administration (in den USA), 5800 Fishers Lane, Rockville, MD 20857, e-mail: website: www..fda.gov

ILO International Labour Organization (Internant. Arbeitsorganisation), Vertretung Deutschland, Hohenzollernstr. 21, 53173 Bonn, tel. 0228-362322, e-mail: bonn@ilo.org, website: www.ilo.org

OECD Organization on Economics and Development, 2, rue Andr#e-Pascal, 75775 Paris Cedex, France, tel: (33-1) 45241675, e-mail: ehscont@oecd.org,website: www.oecd.org

PEI Paul-Ehrlich-Institut, Paul-Ehrlich-Str. 51-59, 63225 Langen, tel. 06103-770, e-mail: pei@pei.de, website: www.paulehrlichinstitut.de

RKIRobert-Koch-Institut, Nordufer 20, 13353 Berlin, tel. 01888-7540, e-mail: Zentrale@rki.de, website: www.rki.de

Stiko Ständige Impfkommission beim RKI (siehe RKI)

StaBu Statistisches Bundesamt (offizielle Abk. ist StBA), Gustav-Stresemann-Ring 11, 65189 Wiesbaden, tel. 0611-752405, e-mail: info@destatis.de, website: www.destatis.de

UNO United Nations Organization, New York, N. Y. 10017, tel 001-212-9630, websites: www.uno.org

WHO World Health Organization, Avenue Apia 20, CH-1211 Geneva, (04122)7912111,e-mail: info@who.ch , website: www.who.int

Literatur

Batmanghelidj, F.: Your body's many cries for water, Second Edition, Falls Church, USA, 1998

Benecke, Mark: Der Traum vom ewigen Leben, Die Biologie beantwortet das Rätsel des Alterns, Reclam, Leizig, 2002

BIB: Bevölkerung: Fakten – Trends – Ursachen - Erwartungen, Bundesinstitut für Bevölkerungsforschung, Mai 2000

Blech, Jörg: Die Krankheitserfinder, Wie wir zu Patienten gemacht werden, Fischer, Frankfurt/M, 2004

Blüchel, Kurt. G.: Heilen veroboten, töten erlaubt. Die organisierte Kriminalität im Gesundheitswesen. Bertelsmann, München, 2003

Bruker, Max Otto: Zucker, Zucker, Emu, Lahnstein, 1991
Unsere Nahrung- unser Schicksal, Emu, Lahnstein, 1989

Buchwald, Gerhard: Impfen - Das Geschäft mit der Angst, Knaur, München, 1997

Burger, Guy-Claude: Die Rohkosttherapie, Natur, Genuss, Gesundheit, Heyne, München, 1998

Chopra, Deepak: Die heilende Kraft, Bastei-Lübbe, Bergisch Gladbach, 2001

Ayurveda, Econ-Ullstein-List, München 2001

Coulter, H.L./Fisher B.L.: Dreifachimpfung – Ein Schuß ins Dunkle, Barthel & Barthel, Schäftlarn, 1996

Coulter, H.L.: Impfungen, der Großangriff auf Gehirn und Seele, Hirthammer, München 2000

Delarue, F. und S.: Impfungen – der unglaubliche Irrtum, Hirthammer, München, 19996

Diamond, Harvey u. Marylin: Fit für's Leben. Teil I und II, Waldthausen, Ritterhude, 1994

Diamond, Marylin: Neue Esskultur mit Sonnenkost, Waldthausen, Ritterhude, 1994

Dörner, Dietrich: Die Logik des Misslingens, Rowohlt, Reinbek b. Hamburg, 1992

Elmafada, Ibrahim /Leitzmann, Claus: Die Ernährung des Menschen, UTB, Stuttgart, 1998

Einstein, Albert: Mein Weltbild, Ullstein, München 2001

Aus meinen späten Jahren, Ullstein, München, 1993

Fölsing, Albrecht: Albert Einstein – Biographie, 1999

Geison, Gerald L.: The Private Science of Louis Pasteur, Princeton University Press, Princeton, 1995

Gerson, Max: Eine Krebstherapie - Fünfzig geheilte Krebsfälle, Waldthausen, Ritterhude, 1996

Giarini, Orio/Liedtke, Patrick M.: Wie wir arbeiten werden. Der neue Bericht an den Club of Rome, Hoffmann und Campe, Hamburg, 1998

Grätz, J.-F.: Sind Impfungen sinnvoll? Ein Ratgeber aus homöopathischer Praxis, Hirthammer, München, 2001

Grimm, Hans-Ulrich: Aus Teufels Topf, Neue Risiken beim Essen, Klett-Cotta, Stuttgart, 1999

Häussler, Thomas: Gesund durch Viren, Ein Ausweg aus der Antibiotika-Krise, Piper, München, 2003

Hauser, Jürg A.: Bevölkerungs- und Umweltprobleme der Dritten Welt, Haupe, Bern, Bd. 2, 1991

Hippokrates: Ausgewählte Schriften, Reclam, Stuttgart, 1994

Der Eid des Arztes, Insel, Frankfurt am Main, 1996

Hirneiser, Lothar: Chemotherapie heilt Krebs und die Erde ist eine Scheibe, Sensei, Kernen, 2003.

Hirte, Martin: Impfen – Pro & Contra, Knaur, München, 2001

Hüther, Gerald: Biologie der Angst, Wie aus Stress Gefühle werden, Vandenhoeck & Rupprecht, Göttingen, 5. Aufl., 2002

Imhof, Arthur E: Einführung in die Historische Demographie, Beck, München, 1977

Kirmse, Gerda: Louis Pasteur – Ein Wohltäter der Menschheit, Pandion, Bad Kreuznach, 1995

Kneißl, Georg: Impfratgeber aus ganzheitlicher Sicht. Schulmedizin, Naturheilkunde, Homöopathie und Chinesische Medizin, Hirthammer, München, 2000

Konz, Franz: Der große Gesundheits-Konz, Universitas, München, 1998

Langbein, Kurt/ Ehgartner, Bert: Das Medizin-Kartell. Die sieben Todsünden der Gesundheitsindustrie, Piper, München, 2002

Lehninger, Albert L./Nelson, David L./Cox, Micheal M.: Prinzipien der Biochemie, Spektrum, Heidelberg-Berlin-Oxford, 1998

Leitzmann, C./ Groeneveld, M.: Gesundheit kann man essen, Bioaktive Stoffe in Lebensmitteln, DTV, 1997

McKeown, Thomas: The Modern Rise of Population, Edward Arnold Publishers, London, 1976

The Origins of Human Disease, Blackwell Publ., 1988

Mendelsohn, Robert S.: Trau keinem Doktor, Mahajiva, Holthausen/ Münster, 1993

Müller, Birgit: Vitalität für's Unternehmen, Mit Corporate Hygiene zu mehr Produktivität und Gewinn, Gabler, Wiesbaden, 2002

Müller-Wohlfahrt, H.-W.: So schützen Sie Ihre Gesundheit, Mehr Lebensqualität mit meinem Sofortprogramm gegen freie Radikale, Z.bert Sandmann, München, 2000

Münch, G./ Reitz, J. (Hrsg.): Grundlagen der Krankheitslehre. Das große Nachschlagewerk für Ärzte und Patienten, Nikol, Hamburg, 1996

Netter, Frank H.: Innere Medizin, Thieme, Stuttgart, 2000

Oberbeil, Klaus: Fit durch Vitamine, Südwest, München, 1995

Orth, Gerhard: Unheilbare Krankheiten, Waldthausen, Ritterhude, 1996

Popper, Karl (Hrsg. David Miller): Lesebuch, ausgew. Texte zur Erkenntnistheorie, Philosophie der Naturwissenschaften, Metaphysik, Sozialphilosophie. Tübingen, Mohr, (1945) Neuauflage 1995

Popcorn, Faith: Der Popcorn Report, Heyne Business, München, 1992

Reckeweg, : Homotoxikologie,

Reinecke, Ingrid/ Thorbritz, Petra: Lügen, Lobbies, Lebensmittel. Wer bestimmt, was Sie essen müssen, Rowohlt, Reinbek, 1998

Robbins, John: Ernährung für ein neues Jahrtausend, Hans-Nietsch, 1997

Robbins-Roth, Cynthia: Zukunftsbranche Biotechnologie, Gabler, 2002

Roy, Ravi/Lage-Roy, Carola: Impfschäden, Lage & Roy, Murnau, 2001

Ruesch, Hans: Die Pharma-Story, Der große Schwindel, Hirthammer, München, 2002

Die Fälscher der Wissenschaft – Technischer Rapport, Hirthammer, München

Scheibner, Viera: Impfungen, Immunschwäche und plötzlicher Kindstod, Hirthammer, München, 2000

Seelig, Carl: Albert Einstein – Mein Weltbild, Econ-Ullstein-List, München, 2001

Schipperges, Heinrich: Geschichte der Medizin in Schlaglichtern, Meyers, Mannheim, 1990

Krankheit und Kranksein im Spiegel der Geschichte, Springer, Heidelberg, 1999

Die Kunst zu leben. Eine Reise von Paracelsus zu Goethe, Daedalus, Münster, 2001

Die Kranken im Mittelalter, Beck, München, 1993

Schipperges, H./Vescove, G./ Geue, B./Schlemmer, J.: Die Regelkreise der Lebensführung., Dt. Ärzte Verlag, Köln, 1988

Schirrmacher,Frank: Das Methusalem-Komplott, Blessing, München, 2004

Stiller, Herbert/Stiller, Margot: Tierversuch und Tierexpernimentator, Hirthammer, München, 1986

Szekely, E. Bordeaux: Das geheime Evangelium der Essener, Mandala Media, CH-Rheinfelden, 1996

Die Lehren der Essener, Mandala Media, CH-Rheinfelden, 1997

Thorwald, Jürgen: Das Jahrhundert der Chirurgen, Buch und Welt Hans Kaiser, Klagenfurt, 1957

Tilden, John H.: Mit Toxämie fangen alle Krankheiten an, 7. Auflage, Waldthausen, Ritterhude, 1996

Tipler, Frank J.: Die Physik der Unsterblichkeit, Piper, München, 1994

United Nations/DESA: World Population Aging: 1950-2050, New York, 2001

Vester, Frederic: Denken, Lernen, Vergessen, 10. Auflage, dtv, München, 1992

Krebs - Fehlgesteuertes Leben, 5. Auflage, dtv, München, 1991

Neuland des Denkens, 10. Auflage, dtv, München, 1997

Die Kunst, vernetzt zu denken, DVA, 1999

Walker, Norman: Strahlende Gesundheit, Goldmann, München, 1995

Wandmaker, Helmut: Willst Du gesund sein? Vergiss‘ den Kochtopf!, Goldmann, München, 1992

Williams, Christopher: Endstation Gehirn, Die Bedrohung der menschlichen Intelligenz durch die Vergiftung der Umwelt, Klett-Cotta, Stuttgart, 2003

Wilke, Helmut: Systemtheorie II: Interventionstheorie, Lucius & Lucius, Stuttgart, 1999

Wußling, Hans-Ludwig (Hrsg.): Fachlexikon abc Forscher und Erfinder, Thun, Frankfurt/M, 1992

Kontakt und Anfragen für Buchungen etc.:

topsano
Beratung, Training, Coaching
bm.mai@yahoo.com

Mythos Lebenserwartung.